ズボラでも
1000万円
貯めた!

貯金0円からの ゆきこの 貯まる生活

ゆきこ

X-Knowledge

貯蓄0円、ズボラな私が1000万円貯められたヒミツ、教えます！

今では毎月貯金ができるようになりましたが、以前の私は、あればあるだけお金を使い込んでいた「超浪費家」。夫婦とも貯金0円で結婚して、結婚1年目の共稼ぎ時代は、夫は趣味の車、私は買い物に使いたい放題。

そんななか、子どもを授かったとき、ようやく自分たちの将来に危機感を持ち、家計と暮らしを見直してお金を貯める決意をしました。

最初は「節約＝ケチケチする」という先入観があったので、電気をこまめに消したり、「底値」を求めてスーパーのはしごをしたり。自分や夫にがまんを強いる節約をして、夫婦仲が険悪になったこともありました。使ったお金を事細かに家計簿につけたりもしましたが、ズボラな私には不向きで、かえってストレスを感じてリバウンド。

何度も挫折しそうになりながらも試行錯誤を繰り返し、お金の流れを整理すると同時に日々の暮らしを見直して、「貯まる生活」にたどり着くことができました。お金も暮らしも一気に理想へは近づけませんが、階段を少しずつ昇るようにプロセスを楽しむことも、お金を貯める醍醐味だと今では思えるようになりました。

とはいうものの、私もそうでしたが、家事、育児、仕事と毎日多忙ななかで、お金と向き合う時間を確保できない方も多いと思います。この本では、私がこれまでに試行錯誤して行き着いた、簡単で真似しやすいお金が貯まるアイデアをギュッと詰め込みました。

読んでくださるみなさまが、家計管理や暮らしを考えるきっかけになれば、とてもうれしく思います。

ゆきこ（31歳）
会社員（現在育休中）

幼少期は田舎で育ち、京都の大学に進学。卒業後、東海地方の企業に6年間勤務。2015年、長女を出産し、育休中に関東の企業に転職。2018年から再び育休に入り、来年4月に復職予定

夫（31歳）会社員

田舎生まれの田舎育ち。都内の大学を卒業し、ゆきこと同じ会社に同期入社。ほぼ同時期に夫婦で転職し、現在は関東のメーカーに勤務。好きな言葉は『雄弁は銀、沈黙は金』

長女（3歳）

砂遊びが大好きなおてんば娘。最近は、お人形でごっこ遊びをするのにハマっている

二女（1歳）

積み木が得意なおっとり娘。散歩の途中、道端のアリを見つけるのが大好き

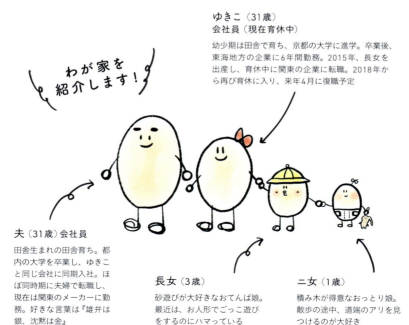

CONTENTS

PART 1

面倒くさくない！毎月のやりくり

PART 2

お金がいつの間にか貯まる！暮らしの整え方

CONTENTS

STAFF

構成・取材・文／村越克子
写真／尾島翔太
　　　ゆきこ（P47〜51、59、75〜79、95、142）
デザイン／蓮尾真沙子（tri）
イラスト／ゆきこ
編集／別府美絹

PART 3

ラクして貯める！お金のふやし方

※本誌に掲載の情報は2019年10月現在のものです。商品の情報、サービス内容に変更が加わる可能性があります。

1300万円貯めた！
ゆきこの大逆転ヒストリー

夫婦同時転職

夫が、残業が多く福利厚生が手薄な会社から他県の会社に転職。ゆきこも自分のキャリアを諦めたくないと考え、育休中にもかかわらず転職を決意。夫婦がほぼ同時に転職することに

貯蓄**0**万円

共働き時代

2人で稼いでいるのをいいことに湯水のごとく、お金を使い放題。1年間で1円も貯まらず（汗）

やりくり試行錯誤期

長女出産後、子どもの将来のためにお金を貯めることを考える。最初は節約ストレスから衝動買いに走り、リバウンドを繰り返していたが、少しずつ貯まるように

貯蓄**300**万円

退職金が入る

長女がまだ0歳なので外食や旅行を控えた分、貯蓄が増える。夫婦2人分の退職金110万円と合わせて貯蓄額が300万円に！

貯蓄**50**万円

長女誕生

出産祝いと冬のボーナスの残りで口座に50万円。結婚後、初めての貯蓄☆

貯蓄**0**万円

結婚

同期入社で交際3年を経て、ゆきこ26歳、夫26歳で結婚

貯蓄0円から5年間で

現在
貯蓄1300万円
2019年末現在で貯蓄総額1300万円。次の目標は2000万円!!
貯蓄1080万円
夢の1000万円突破
家計のムダ、暮らしのムダを見直し、貯蓄スピードが加速。ついに夢の1000万円を達成!
1000万突破
1000万円
貯蓄が順調に増えているので、車2台分のローンの残金70万円を一括返済
貯蓄720万円
二女誕生
ゆきこ、再び育休に。家計の立て直しの成果があらわれ、貯蓄が増え始める
500万円
貯蓄加速期
長女が1歳になり職場復帰。世帯収入が増え、貯蓄スピードが加速
2020年
2019年
2月
2018年

家計、大公開！

Money Data

世帯月収 ―――― 平均45万円
（手取り月収・児童手当・ポイ活を含む）

ボーナス／年（手取り） ―――― 100万円

世帯年収 ―――― 640万円
（児童手当・ポイ活を含む）

月貯蓄額 ―――― 平均18万円

年貯蓄額 ―――― 280万円

総貯蓄額 ―――― 1300万円

内訳　円貯金 ―― 220万円
ドル貯金 ―― 80万円
積立保険 ― 400万円

投資 ―― 600万円
（つみたてNISA140万円、
iDeCo20万円、日本株190万円、
米国株250万円）

ゆきこ家の

1カ月の家計表

※毎月の平均額です。

収入

パパ月収（手取り）	平均23万円
ママ月収（手取り）	17万4700円（育休手当）
児童手当（子ども2人分）	2万5000円
ポイ活	平均2万円
合計	**44万9700円**

支出

固定費

住居費	9万2300円（駐車場代を含む）
水道光熱費	2万円（水道費は1カ月平均を算出）
通信費	8000円（スマホ代約4300円、wifi代約3700円）
医療保険料	2200円
奨学金返済	1万7000円
合計	**13万9500円**

変動費

食費	3万円
日用品費	1万3000円
特別費	6万円
ガソリン代	1万7000円
医療費	3000円（平均）
合計	**12万3000円**

貯蓄

内訳

教育資金	2万5000円
iDeCo	1万2000円
つみたてNISA	6万6600円
米国株用	5万円
残し貯め（普通預金）	3万3600円
合計	**18万7200円**

PART 1

面倒くさくない！毎月のやりくり

子ども2人を抱えた共働き夫婦だから、
やりくりに手間と時間はかけられません。
面倒くさがり屋の私でもできた
ラクしてお金が貯まるやりくり法を紹介します。

毎月、給料を使い切っていた私がまず最初にやったこと

学生時代から浪費家で、独身時代も使いたい放題だった私。家計簿どころか、子どものころからおこづかい帳すらつけたことがありませんでした。結婚を機に、「家計を共有しよう」ということになり、とりあえず私が家計を管理することに。が、実情は「管理」とは名ばかりで、振込と記帳をしているだけ。入ってきたお金を右から左に移動させるだけで、なににいくらかかっているのか、まったく把握できていませんでした。

結婚1年後、長女が生まれ、「このままじゃ、この子を大学に行かせられない」と思い、家計をやりくりしてお金を貯めることを真剣に考え始めました。

まず最初の1カ月は、通帳から引き落とされるお金も、現金で払うお金も、全部書き出して、支出の現状を確認することから始めました。2カ月目、前月のデータから支出が大きいものを減らす努力をしました。3カ月目、1カ月目と2カ月目を比較して減った金額を確認。固定費の見直しと日々の節約で、通信費1万8000円、食費1万円、日用品費1万円、洋服代とレジャー費2万5000円、合計6万3000円も支出を減らすことができました。

ゆきこ流

月6万円以上も出費を減らせた！

ダメ家計を立て直すために はじめの3カ月でやったこと

やりくりド・素人だった私が最初の3カ月でやったことは、次の3つです。

1カ月目　現状を把握する

市販の家計簿に固定費と変動費に分けて、出費をひたすら書き出して、1カ月にかかるお金を把握。固定費の金額を見て「飲まず、食わずでもこれだけお金がかかる」ことに驚く

↓

2カ月目　改善点をチェック

1カ月間つけた家計簿を夫婦でチェックして、削りどころを話し合う。固定費は通信費の見直し、変動費は外食を月4回から2回に、服、雑貨は〝一買一捨〟(P84参照) でムダ使いを防止。クレジットカードの明細を見直して、使っていない有料サイトや夫婦でダブって加入しているサービスなどを解約

↓

3カ月目　成果を〝見える化〟する

出費を見直した2カ月目の支出が、1カ月目に比べてどれくらい減ったかを確認。減らせた金額を書き出し、〝見える化〟して夫婦で共有。6万3000円も減らせたことがわかり、やりくり効果を実感

口座は「使う」「貯める」「ふやす」の3つに分ける

結婚当初、私だけでもいくつも通帳を持っていて、そこに夫の通帳が加わると、数ばかり増えてなにがなんだかわからないことに。そこで、まとめられるものはまとめて、口座を3つのグループに分け、口座管理をシンプルにしました。

グループ❶「使う」生活費用＋残し貯め

夫の給与口座からは家賃や水道・光熱費など夫名義で契約しているもの＝固定費を、私の口座からは食費などの変動費を引き落とす。口座を増やしたくないので、あえて貯蓄専用口座はつくらず、給与振込口座に残し貯めする。自動車税など年間で管理する出費はここから

グループ❷「貯める」外貨預金用口座

円預金より高い金利を狙って、以前つくった米ドル建ての預金口座。今後、円安になれば為替差益が出るので、このまま保持

グループ❸「ふやす」投資用口座

住宅資金、老後資金として、投資用に夫婦それぞれが楽天証券に口座を保有

口座を分けてしっかり貯める！

ゆきこ家の口座管理

ダブルインカムのゆきこ家では、固定費は夫の口座から、
変動費は妻の口座から支出します。

Simple

給与・児童手当の振込み → **夫のメイン口座**

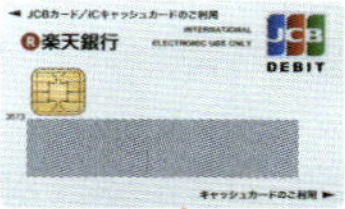

支払い → 固定費支払い

家賃、水道・光熱費、通信費など毎月の決まった出費が、ここから自動引き落としされる

貯蓄 → 楽天証券

給与振込み → **ゆきこのメイン口座**

❶ 支払い → 変動費支払い

食費や日用品費など毎日の生活でかかるお金は、ここから下ろす

❷ 貯蓄 → 外貨預金用口座

ソニー銀行のVisaデビット付キャッシュカードは、海外で使用すると利用代金が円または外貨口座から即時引き落とされる。海外旅行時に便利そうなので、口座を残している

貯蓄 → 楽天証券

❸

楽天証券（夫）
- つみたてNISA
- iDeCo
- 米国株

夫の投資用口座ではつみたてNISA、iDeCo、米国株を運用。米国株は毎月5万円ずつ買い足し

楽天証券（ゆきこ）
- つみたてNISA
- 国内株

ゆきこの投資用口座ではつみたてNISAと国内株を運用。国内株は今、パフォーマンスがよくないので様子を見ている

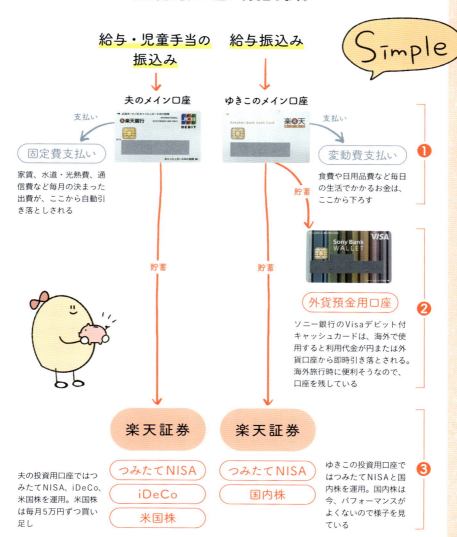

お得がいっぱい！楽天銀行をメインバンクに選んだ理由

もともとは地方銀行をメインバンクとして使っていましたが、その地方銀行では土日にコンビニATMでお金を下ろすと手数料がかかりました。私は、平日にお金を下ろしていたのですが、夫が曜日や時間帯に関係なくコンビニATMを利用して手数料を払っていることが発覚。毎週末下ろしていたので、手数料が年間で5184円にも。100万円を1年間、銀行に預けても、税引後の利息が8円にしかならないこのご時世に（預金金利を0・001％とした場合）、お金を1回下ろすたびに108円も払うなんてバカらしい！と思い、手数料を払わずに済む方法を考えました（消費税は当時の8％で計算）。

メガバンクでは、自行ATMの時間外手数料やコンビニATMの手数料が利用回数限定で無料になるサービスを提供していますが、私は楽天銀行を選択。その理由は、利用状況に応じて最大で7回／月、コンビニATMなど提携しているATMの利用手数料が無料になり、プラス、普通預金の金利がメガバンクの20倍※にもなるから。さらに、楽天証券で口座を開設すると金利が100倍※にもなるんです（P133参照）。これは見逃せないと思いました。

※2019年11月現在。メガバンクの普通預金金利を0.001％（税引前）で計算

ポイントが貯まって
金利もお得

楽天銀行をメインバンクにするメリット

- メガバンクより金利が高め
- 楽天スーパーポイントが貯まる
- 証券会社を楽天証券にすると金利アップ
- 楽天証券への入金がスムーズ

週1回書けばOK! 面倒くさがりでも続く家計簿

最初は市販の家計簿を使っていましたが、費目分けが細かくて、根がズボラな私は、すぐにギブアップ。そこで、自分がつけやすいオリジナル家計簿を考案しました。つけ方は、平日はお金を使った日に財布からレシートを出してメッシュケースに入れるだけ。土日のすき間時間や子どもが寝たあと、レシートを見ながら買い物した日付のところに店名や使った場所、金額を記入。給料日後、1カ月の家計を締めるときに、使い道ごとに費目分けし、費目ごとの合計額を算出。電卓を使うのは、この1回だけです。それまではいつの間にかお金がなくなっていたのが、家計簿をつけることで支出内容を把握することができるように。

このやり方の利点は家計簿に記入するのは週1回だけで、カレンダー状の家計簿を見れば、お金を使った日と使わなかった日が一目瞭然なこと。使っている日が続いていると、出費を減らすことを自然と意識するようになります。反対にお金を使わなかった日=空欄が多いと達成感があり、節約のモチベーションがアップ。ふだんは食費や日用品費などの変動費だけを管理し、1ヵ月分を締めるときに固定費を含めた収支全体を書き出して確認します（P24参照）。

毎日の
支出管理は
コレ!

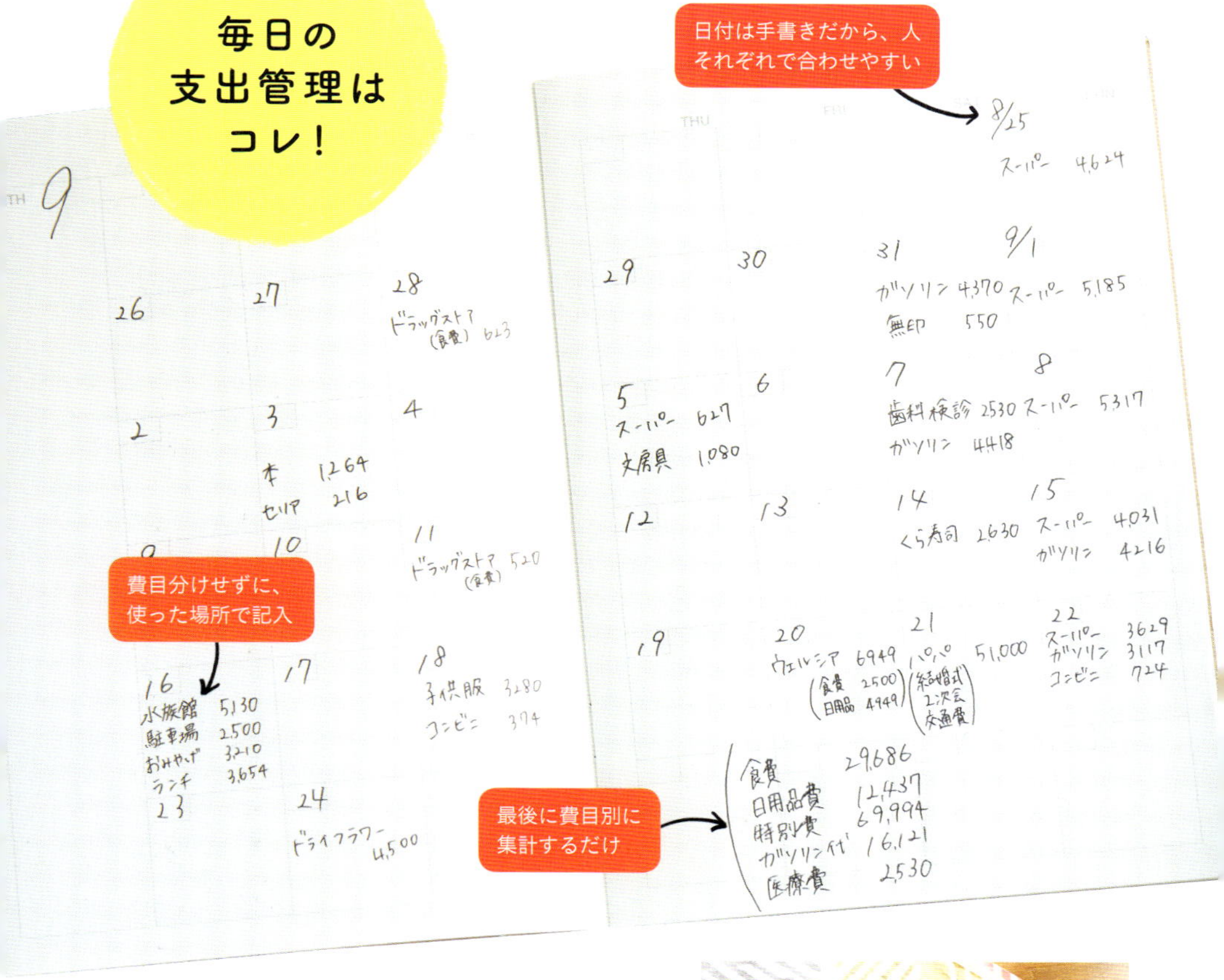
日付は手書きだから、人
それぞれで合わせやすい
費目分けせずに、
使った場所で記入
最後に費目別に
集計するだけ
食費 29,686
日用品費 12,437
特別費 69,994
ガソリン代 16,121
医療費 2,530

無印良品のマンスリーノートに日にちを記入。お金を使った日に店名、金額を記入。市販のカレンダーとは違い、給料日の25日をスタートとし、1カ月分を見開きで見ることができる

マンスリーノート、レシート、ペン、電卓を無印良品のメッシュケースに入れて家計簿セットに。これだけ出せば家計簿がつけられる

〆ました！

毎月、給料日の前日に家計簿を〆て、1カ月の収支を振り返ります。

9月（8/25〜9/24）

収入

パパ	234,299
ママ	174,690
児童手当	25,000
ポイ活	19,000
合計	452,989

現在、育休中のため育児休業給付金を受給

児童手当は全額、子ども教育資金として貯蓄

支出

固定費

住居費	92,300
水道・光熱費	17,023
通信費	7,964
保険料	2,209
奨学金返済	17,000
合計	136,496

水道・光熱費は1カ月2万円以内に収めることが目標

夫の会社の団体保険に加入しているので保険料が安い。死亡保障と特約で医療保険つき

ゆきこの奨学金（無利子）返済分

スマホ代は格安スマホなので2台で4280円。7月に家のネットをwifiに乗り換え、最初の2年間はキャンペーン料金で3684円

変動費

食費	29,686
日用品費	12,437
特別費	69,994
ガソリン代	16,121
医療費	2,530
合計	130,768

食費は3万円、日用品費は1万3000円以内が目安

今月は友人の結婚式があったことと、連休が2回ありレジャー費がかかったのでこの金額に。来月はもっと引き締めよう

今月の家計簿

2019年

貯蓄

教育資金	25,000
Ideco	12,000
つみたてNISA	66,600
米国株	50,000
残し貯め	32,125
合計	185,725

児童手当を全額貯蓄

夫の分

夫とゆきこで3万3300円ずつ毎月積み立て

この数字を励みにがんばってます。
毎月の貯蓄率の平均は40％。
貯蓄率の考え方はP32参照

貯蓄 185,725 / 収入 452,989 = 貯蓄率 41%

今月も目標の貯蓄率40％をクリア。
各項目も予算内達成できた！
年末に向けて大型出費（車検代、
クリスマス準備、帰省費）があるので
お得な支払い方法や
ポイント還元キャンペーンを調べて計画を立てよう！

1回の見直しで、固定費を年間20万円以上減らせた

共働きで稼いでいるにもかかわらず、結婚1年後の貯蓄額がほぼ0円だった私が、家計を立て直すためにやったことのひとつが固定費の見直しです。固定費は毎月決まって出て行くお金なので、ここを減らせば1カ月の支出を抑える効果は大！　しかも1回見直せば、そのあとずっと節約効果が持続します。仮に1カ月の固定費を1000円減らしたら、1年で1万2000円。月5000円減らすことができたら、1年で6万円も支出を削減できるのです。

私がやった固定費の見直しは通信費。それまでスマホ代が夫婦合わせて月2万1000円（大手キャリア）もかかっていましたが、楽天モバイルに変えたら、ふたりで月約4300円と大幅ダウン！　また、インターネット回線を光回線の月5200円から、Wi-Fiのbroad wimax※に変えたら月約3700円に！　結果、合計月1万8200円、年間にするとなんと21万8400円も減らすことができました。

今どきは電力会社やガス会社の見直しも可能。賃貸物件でも大家さんが了承してくれたら（わが家の場合はNGでしたが）、よりお得な会社に変更することができます。

※自宅でも外でもWi-Fiを使ってインターネットを利用できるモバイルルーター。光回線のように工事する必要がないのが利点
https://wimax-broad.jp/charm/

使用量がひと目でわかるので、使いすぎ防止に。利用料金に応じて楽天スーパーポイントが貯まり、ポイントで料金を支払うこともできる

変動費の費目立ては
わが家に合ったもので

最初は市販の家計簿を使っていたので、変動費だけでも、食費、外食費、日用品費、被服費、医療費、レジャー費……など細かく分かれていて、どの費目に振り分けていいのか迷うことがありました。

たとえば、休日に家族で出かけたとき、フードコートでランチした分は外食費、子どもが有料遊具で遊んだらレジャー費と分けたり、100円ショップで買ったキッチングッズは日用品費で小物は雑費など、費目に分けて記入するのに手間がかかります。面倒くさがりの私にはとても続きません。そこで、私は変動費を細かく分けずに、左のページの5つに絞りました。

変動費の費目立てに決まりはありません。現在はこの5つですが、子どもが成長して習い事や塾代などがかかるようになれば、「子ども費」を独立させることも考えています。ただし、費目が多くなると家計簿をつけるのが面倒になるので、その場合は、食費と日用品費を1つにまとめることも検討。市販の家計簿やほかの人がやっていることに縛られず、わが家に合った、自分がわかりやすい費目立てがベストだと思っています。

変動費はこの5つだけ だから管理がラク！

ゆきこ家では市販の家計簿の費目にこだわらず、
この5つの費目で管理しています。

食費

おうちごはん用の食材費のほか、コンビニなどの外食代も含む。「食べる」ことに関する出費

日用品費

洗剤、トイレットペーパー、ティッシュペーパー、オムツなど消耗品のほか、雑貨や子どもの洋服代を含む

特別費

食費、日用品費以外の出費。夫婦こづかい、洋服代、レジャー費、冠婚葬祭費、帰省代、イベント代など

ガソリン代

車2台分のガソリン代。2台合わせて月4〜5回給油しているので、費目を独立させて出費を管理

医療費

1年間の医療費が10万円超なら医療費控除が受けられるので、年末にサッと計算できるように

「特別費＝ゆとり費」と考えればやりくりがギスギスしない

前ページにも書きましたが、費目の数を減らすためにわが家では、食費、日用品費、ガソリン代、医療費以外の出費を「特別費」としてまとめています。

たとえばレジャー費を設けていないので、休日にレジャー施設に出かけたときにかかる入場料や駐車場代などは特別費に入れます。また夫婦のこづかいを設定していないので、欲しいものはクレジットカードで買い、その支払い分はここに計上。夫は私名義の楽天カードの「家族カード」※を利用しているので、私の分と一緒に私の口座から引き落とされます。月1回の夫婦マネー会議で、使用明細を見ながらムダ使いがないかをお互いに確認し合います。

特別費は月によって金額の差が大きいので、年間で管理しています。年間予算から自動車税、自動車保険、年払いの保険、イベント費などを差し引き、残った分を休日のレジャーに使ったり、欲しいものを買うお金に。この分は「ゆとりのお金」として、何に使ったか気にしません。年間で管理するようにしたおかげで大きな買い物もできるし、まだいくら残っているから旅行に行こうと夫婦で盛り上がることも。やりくりも夫婦仲もギスギスしなくなりました。

※楽天カード会員と生計を同一にする家族に発行されるクレジットカード。支払いはカード会員の口座からまとめて引き落とされる

※2019年11月現在

特別費で買ったあれこれ！

特別費で家族旅行に行ったり、前から欲しかったブランドコスメや高級家電を購入。特別費があるおかげで、やりくりにも気持ちにもゆとりが生まれる

毎月の貯蓄は、〝額〟ではなく〝率〟で考える

「今月いくら貯金できたか」は、やりくりの成果のあらわれ。先月より1000円でも多く貯蓄できたら、モチベーションが上がります。私も、最初のうちは貯蓄できた金額を家計簿に書いていていました。そのころの私は、家計をインスタやブログで公開している人の今月の「貯蓄額」を見ては、「こんなにたくさん貯蓄できるなんて、スゴイな」とうらやましく思い、人と比べることに関心が向いていました。でも家族構成や収入によって貯蓄できる金額はそれぞれなので、「金額を比べることにはあまり意味がない」と思うように。

そこで、私は貯蓄「額」ではなく、貯蓄「率」を出すことにしました。貯蓄率とは収入のうち何割を貯蓄したかを示す数字です。さらに固定費率と変動費率も出すことで、家計全体における貯蓄、固定費、変動費のバランスが見えてきます。わが家では貯蓄率は40％前後がほどよく、それ以上だとやりくりがきつくなり、反対に40％以下だと変動費を使いすぎたことになります。家計を「率」でとらえることで、わが家の場合は貯蓄率が40％前後で、固定費率が変動費率よりやや高めというのがムダとムリのない家計だということがわかりました。

貯蓄と支出を比率でチェック！

無理がない！
1カ月の家計のバランス

貯蓄だけではなく固定費や変動費も、
収入に対する割合でとらえると家計のバランスが見えてきます。
ゆきこ家の場合、貯蓄：固定費：変動費が、
平均でおおよそ4：3：3のバランスに。

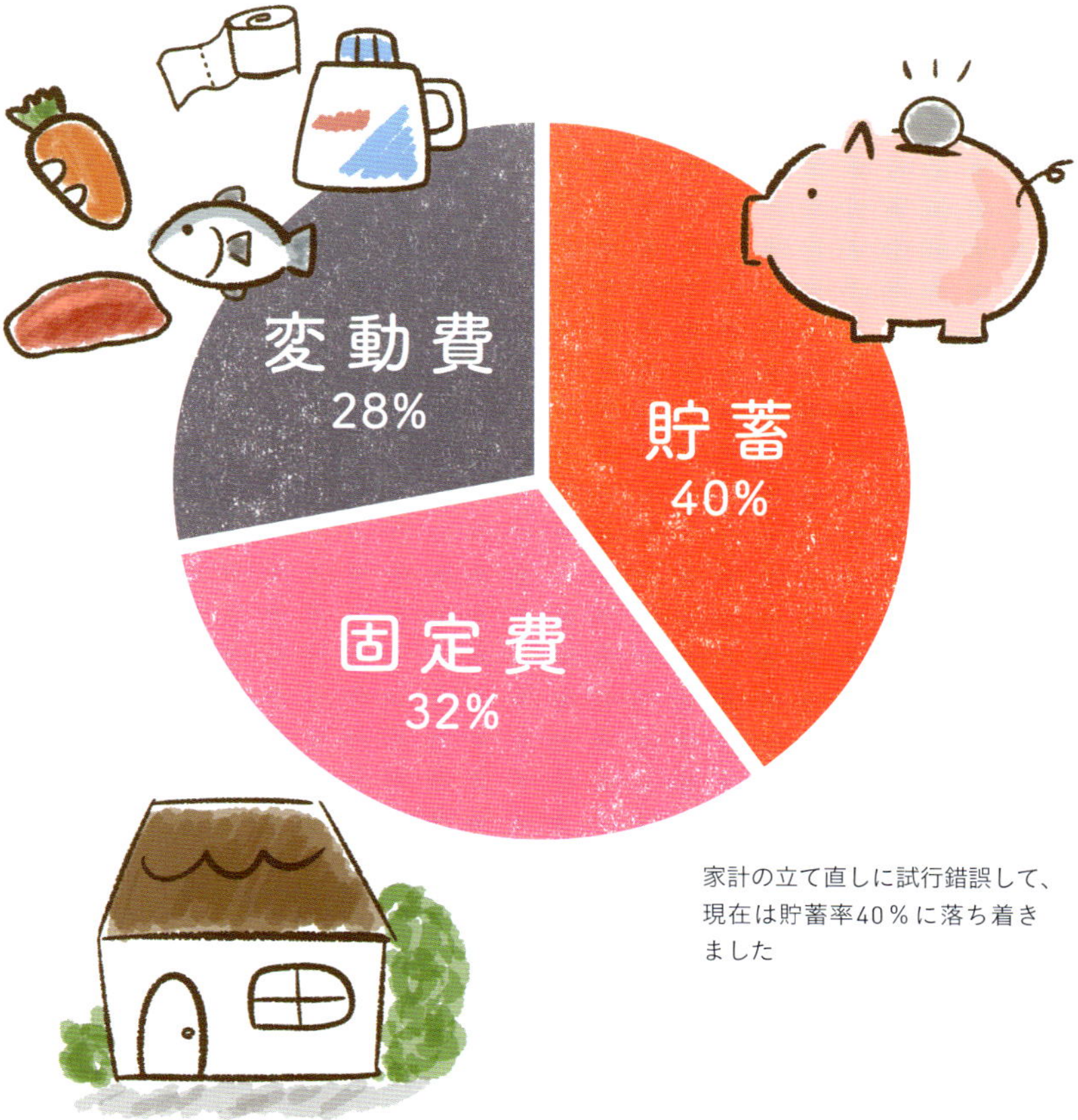

家計の立て直しに試行錯誤して、現在は貯蓄率40％に落ち着きました

月1回の夫婦のマネー会議でひとりでがんばり過ぎない

結婚当初は夫婦そろって〝やりくり音痴〟でしたが、家計の立て直しを決意したとき、「共働きだとお金のことが別々になりがちだけど、わが家は家計を共有したい」と思い、夫に月1回「マネー会議」を開くことを提案しました。

「マネー会議」をするタイミングは、家計簿を締めたあとの土曜日、子どもたちを寝かしつけたあと。夫婦ともに時間と気持ちに余裕のあるときに開きます。

議題は、①今月の収支報告 ②貯蓄率と貯蓄額の共有 ③特別費の内容説明など。最初はしぶしぶだった夫も、毎月見せられる家計簿に徐々に関心を示すように。自分で調べないと気が済まない性格もあって、iDeCoやつみたてNISAのことを調べてくれたりしました。

また、それまではお互いに「自分が稼いだお金の使い方についてとやかく言われたくない」という空気がありましたが、家計を共有することで、それぞれががんばって稼いでいることをねぎらう気持ちが生まれたり。相手が欲しいものや、やりたいことがわかるのもメリットです。子どものこと以外の共通の話題ができたことで、夫婦の会話も増えました。

月末に家計簿を締めたあとの
週末にお茶をしながら、夫婦
でマネー会議を開く

お金を呼ぶ
財布はコレ！

お財布を小さくしたら、お金が貯まりだした！

以前は長財布を使用していましたが、カード用ポケットがたくさんあるのをいいことに、カードでパンパンにしていました。またお札スペースが広めだったので、レシートを何枚もため込んでいました。「大きい財布の方が余裕を持って入れられる」と思っていましたが、入るだけ詰め込んでしまい逆効果。ポイントカードも入れていたので、中身がいろいろで整理が行き届きませんでした。

そこで、思い切ってコンパクトな二つ折り財布にしたら、容量が限定されるので余計なものを入れないようになりました。レシートは買い物をしたその日に財布から出して、家計簿セットのメッシュケースの中へ。財布の中がスッキリしてお金が管理しやすくなり、型崩れも防止できます。このコンパクトな財布を夫も気に入り、私と色違いの財布を使っています。

キャッシュカード、
クレジットカード、免許証など
必要最小限のカードしか入らない

お札スペースがコンパクトだから
レシートをため込まない

カード用仕切りは
7つだけ
（内側に6、外側に1つ）

手のひらサイズで
バッグの中でもかさばらない

小銭入れは外側についている。「外側は飽きのこない色で、開くとピンク色というのも気に入っています」。夫のは外側が黒、内側が黄色。「L'arcobaleno」27,000円（税別）

ポイントカードなどは
別のカード入れに

入りきらないカードは別に。中がじゃばら状になっていて、12仕切りに分かれている。楽天市場で購入。「lug」1,980円（税込）

長期目標と短期目標を決めれば、グングン貯まりだす

わが家はお互いフルタイム勤務のため、収入は余裕がある方かもしれません。けれど、私のように自分に甘い人間は、ついつい物欲に負けて使いたい放題になりがち。でも、心のどこかでは「この先、教育費がかかるだろうな。私たちの老後は年金があてにならないから、老後のお金が必要だよね」と漠然とした不安を抱えています。この不安を解消するには、貯めることを先延ばしにしないで、貯蓄と正面から向き合うしかないのです。

そこで、将来的にかかるお金のことを把握するために、「ライフプラン表」を作成しました（P40参照）。定年退職後までの長いスパンで家計を見通してみると、この先いろいろお金がかかることがわかり、今から貯め始めることの大切さと貯める目標が明確になってきます。「何のために、いつまでに、いくら貯めるか」、貯蓄する目標が明確になると、毎月や年間でいくらずつ貯める必要があるか、ゴールまでのルートが見えてきます。

老後資金など道のりが長い目標だけだと、途中で息切れしてしまうので、1～2年で達成できるお楽しみの目標を立てるのが、貯めるモチベーションを上げる秘訣です。

ゆきこ家の貯める目標

長期目標

マイホーム購入
教育資金
老後資金

短期目標

東京ディズニーランドに行く
星野リゾートの宿泊施設に泊まる
グアム旅行など

**3年以内に
グアム旅行!**

ライフプラン表で家計の動きを見通す

ライフプラン表を作成すると、家計の収支や総貯蓄の変動などを長期的に見通すことができます。長女の中学入学以降、教育費が増え始め、高校に入学した年に家計が赤字になることがわかります。

2035	2036	2037	2038	2039	2040	2041	2042	2048	2049	2050	2051	2052	2053
47	48	49	50	51	52	53	54	60	61	62	63	64	65
47	48	49	50	51	52	53	54	60	61	62	63	64	65
19	20	21	22	23	24	25	26	32	33	34	35	36	37
17	18	19	20	21	22	23	24	30	31	32	33	34	35
350	350	350	350	350	350	350	350	800					
290	290	290	290	290	290	290	290	550					
													150
													100
640	640	640	640	640	640	640	640	1350	0	0	0	0	250
400	380	380	380	370	370	370	370	370	370	370	370	370	370
		250											
440	460	460	230	230									
							150	200				150	
840	840	1090	610	600	370	370	520	570	370	370	370	520	370
-200	-200	-450	30	40	270	270	120	780	-370	-370	-370	-520	-120
2573	2373	1923	1953	1993	2263	2533	2653	4123	3753	3383	3013	2493	2373

60歳で定年退職したあと、継続雇用や再就職しない場合は無収入に

総貯蓄額が2000万円をわる

長女が社会人になり教育費負担が半減

退職金で総貯蓄が潤う

年金受給額は現在の見込み額。実際にはこの金額より少なくなる可能性も

子ども2人分の教育費負担が重い

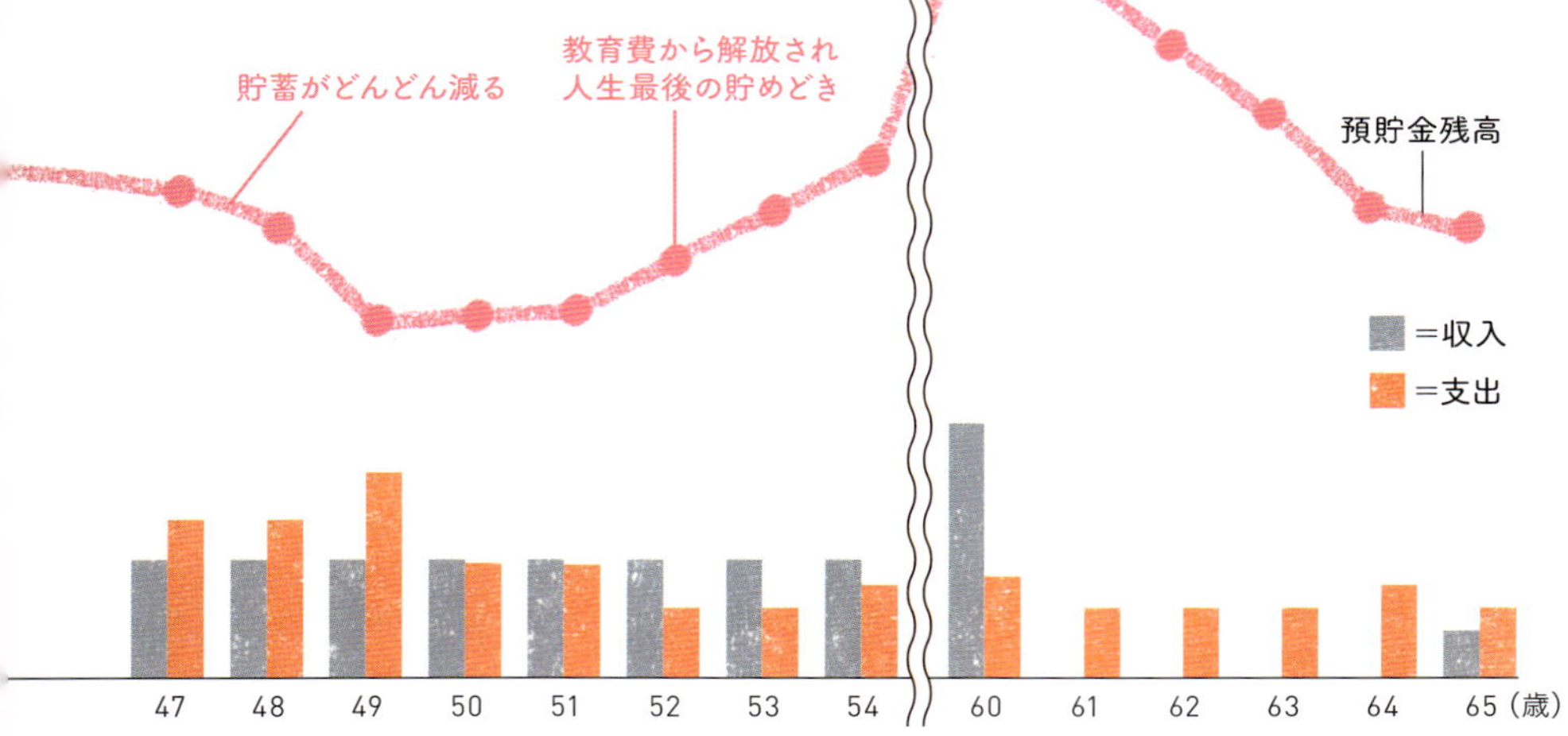

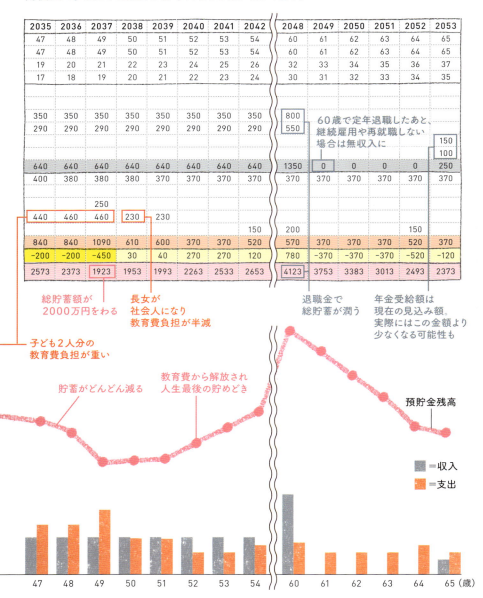

ゆきこ家の34年間のライフプラン表

※住宅頭金、車購入資金、子ども関連などそれぞれの支出金額は、ゆきこ家の場合の見込み額

	西暦	2019	2020	2021	2022	2023	2024	2031	2032	2033	2034
年齢	パパ	31	32	33	34	35	36	43	44	45	46
	ママ	31	32	33	34	35	36	43	44	45	46
	長女	3	4	5	6	7	8	15	16	17	18
	二女	1	2	3	4	5	6	13	14	15	16
収入	児童手当（長女）	12	12	12	12	12	12	12			
	児童手当（二女）	18	18	12	12	12	12	12	12	12	
	パパ手取り	350	350	350	350	350	350	350	350	350	350
	ママ手取り	200	220	280	280	280	290	290	290	290	290
	パパ年金										
	ママ年金										
	収入合計	580	650	654	654	654	664	664	652	652	640
支出	生活資金	330	370	370	370	370	370	400	400	400	400
	住宅頭金				1000						
	車購入資金										
	子ども関連			20		20		140	170	330	350
	その他								150		
	支出合計	330	370	390	1370	390	370	540	720	730	750
年間収支＝年間貯蓄金額		250	280	264	-716	264	294	124	-68	-78	-110
預貯金残高		1300	1580	1844	1128	1392	1686	3029	2961	2883	2773

マイホーム購入の頭金

ランドセル代など長女の
小学校入学準備費

家の修繕費

なんと6年
連続で赤字に！

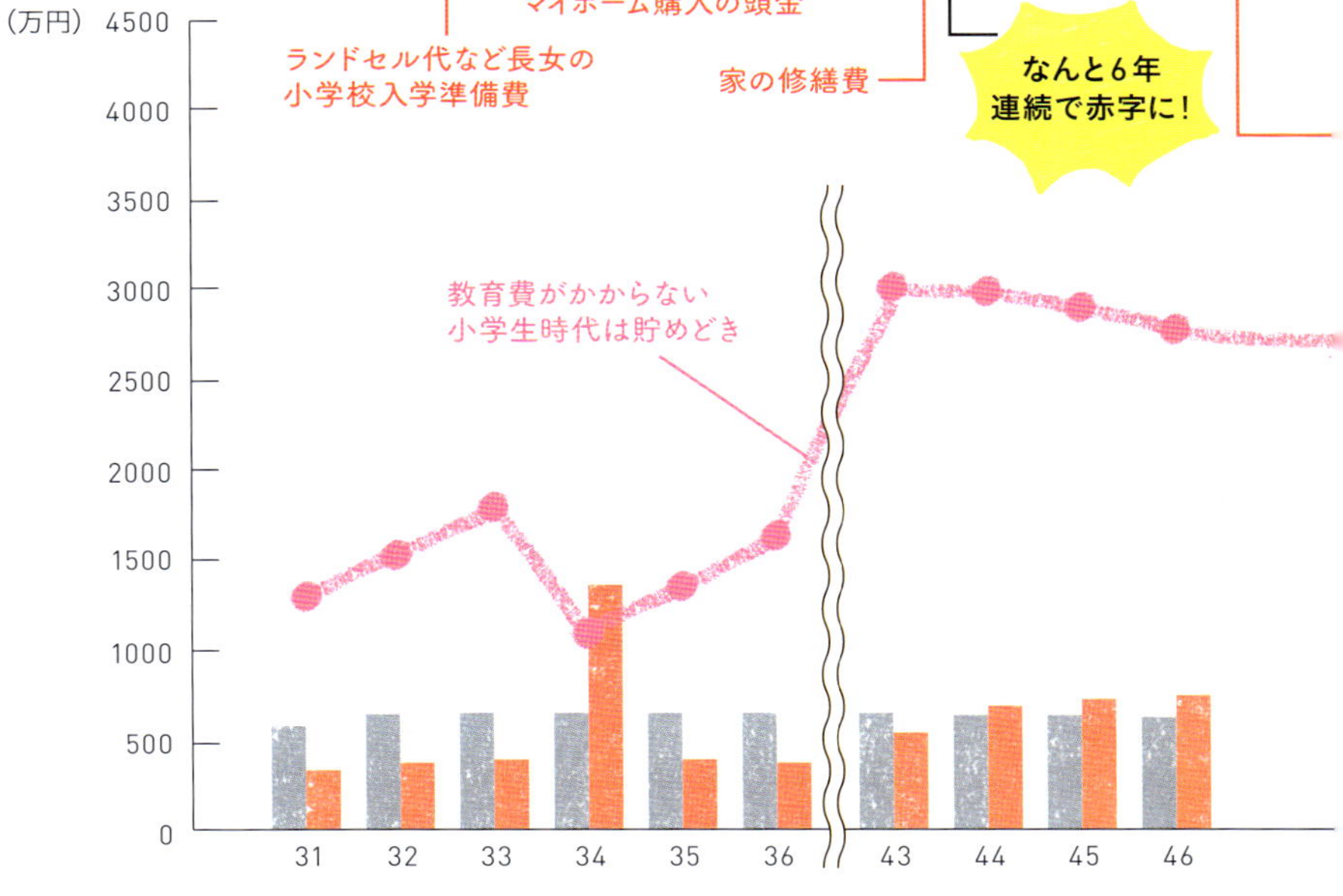

COLUMN

ゆきこの貯まる格言

お金を貯める道程は山あり谷あり。
くじけそうになったとき、
こんな言葉で自分を励まして、
貯めるモチベーションを上げています。

みんな違って、みんないい

昔は他人の収入や家計状況、マイホームを建てた話などを聞くと、うらやましくなったり、不安になったりしました。けれど、自分の選んだ道（仕事や結婚相手、ローンや保険、選択してきたものすべて）に、もっと自信をもつべきだなと。不安やねたみを抱えて生きるよりも、毎日を楽しく生きていきたいので、自戒を込めてこの言葉を大事にしています。愛する夫と子どもたちと笑いながら暮らせているだけでオッケー！

魔法の言葉「ま、いいか」

育児に家事に仕事にと、いっぱい、いっぱいになって追い詰められてしまったときは、この言葉を声に出しています。声に出すとスッと気持ちがラクになるし、少しくらい手抜きしてもいいやと自分を肯定できます。最近では、3歳の長女も真似して言うように（笑）。肩の力を抜いて生きるための魔法の言葉です。

お金のことは誰も教えてくれない

友だち同士でお金について話す機会もないし、「お金の話は、はしたないこと」と思う人もなかにはいます。だからこそ、お金のことは、自分で情報を探して勉強していく必要があると思っています。

試行錯誤を楽しむ

SNSをのぞくと、ステキな暮らしをしている人の写真や豪華な食卓などが目に入り、自分とのギャップに凹んでしまうこともあります。でも、自分ができる範囲でお金や暮らしについて試行錯誤を楽しみながら築いていく生活は愛おしいなと感じています。私はインスタグラムに写真を残していますが、自分の行動の記録や試行錯誤の形跡を振り返ることができ楽しんでいます。

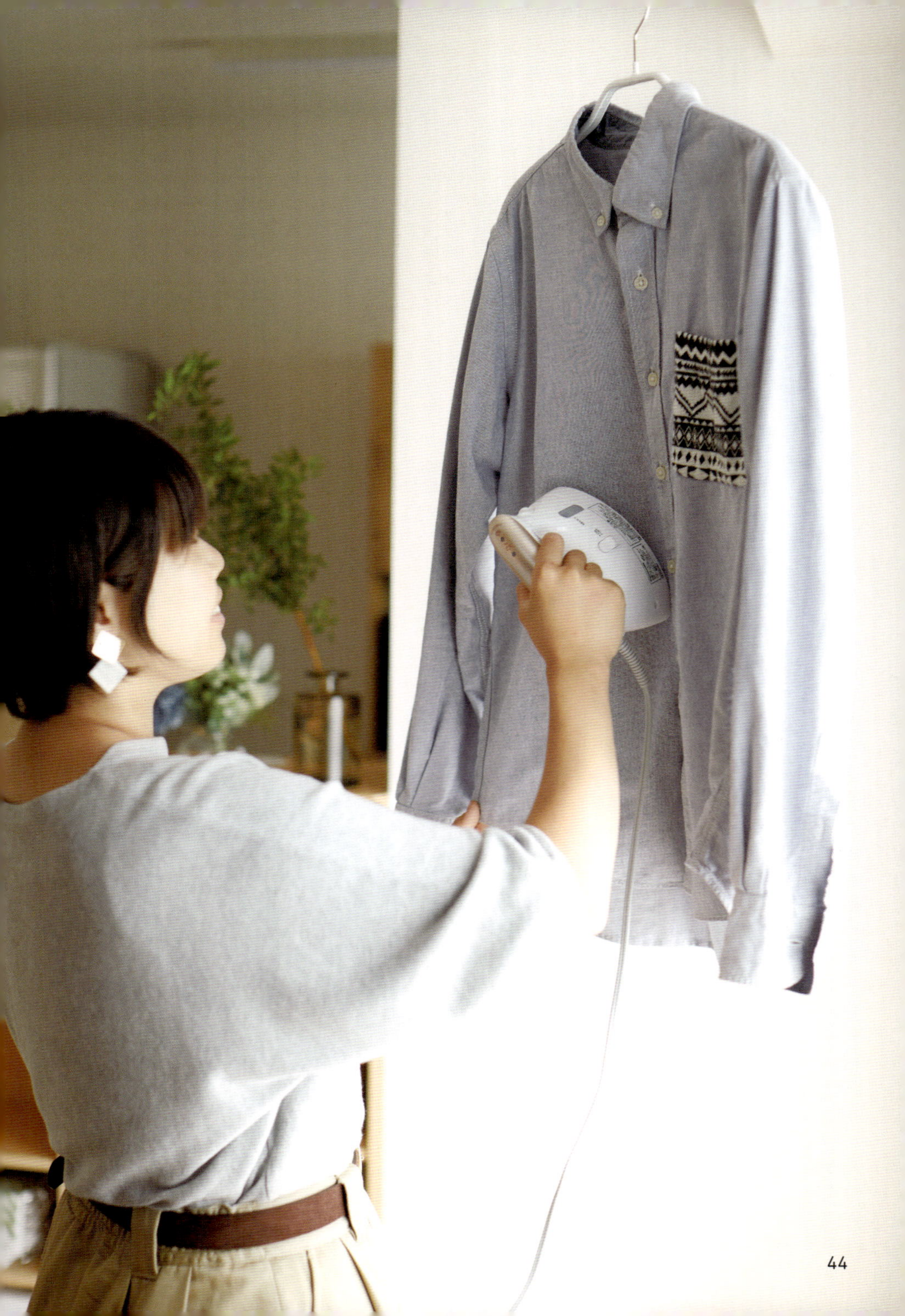

PART 2

お金がいつの間にか貯まる！暮らしの整え方

毎日の食事づくり、掃除、洗濯、片づけ……。
暮らしを見直すと、手間と時間のムダが減って、
お金のムダも減ってきます。
暮らしを整えるとお金が貯まるって、本当なんです。

食費月7万円台↓2万円台に！ゆきこの食費節約術

家計の立て直しを思い立った最初の月に、使ったお金を全部書き出したら、外食費込みとはいうものの食費に月7万円以上も使っていることが発覚。いつも冷蔵庫がパンパン状態だったので、原因は買いすぎにあると分析しました。

そこで、ちょこちょこ買い物に行くと、行くたびに余計なものを買ってしまうので、買い物回数を減らすことにしました。1日おきに買い物に行っていたのを、週1回のまとめ買いと、足りないものだけを週半ばで買い足すことに。まとめ買いのときは、簡単な買い物メモをつくり、メモに書いてあるもの以外は買いません。この買い方にしたらみるみる消費が減り、今では外食費込みで月3万円以内をキープしています。

まとめ買いではメインおかず用に肉4種類、魚3種類、副菜用に葉物野菜と根菜を2種類ずつ、あとは卵、牛乳、豆腐などの大豆食品、パンなど毎回ほぼ同じようなものを購入（P48参照）。買う物がルーティン化すると、予算キープがラクになります。定番食材とそのとき安い旬のものでつくる献立なら、副菜をいろいろつけても1人分が300円台で完成！

これで1人分
たったの312円献立

ある日の夕飯にかかった金額をざっくり計算。
調味料代と米代は入れていません。野菜たっぷりで栄養バランス満点。
デザートまでつけて、1人分312円でできました！

働くお母さんの週1回まとめ買い術

手間と時間を短縮するために、買い物は夫が休みの日に子どもを預けて一人で行きます。スーパーに行くと、つい余計なものを買いがちなので、買い物回数を減らすことでムダ買いを防止。週1回まとめ買いは食費節約に役立ちます。

大根など大物野菜は
1/2カットの方が使い切れて○

定番食材のにんじん、
玉ねぎ、じゃがいもは
マストバイ

葉物野菜は2種類

ネギはきざんで
冷凍しておけば、
みそ汁の具、薬味、
彩りにすぐ使える

野菜や加工食品は
「カンタンつくりおき」
（P54〜59参照）に

食パン、牛乳、卵は
足りなくなったら途中で買い足し

7日分のメインおかず用に
肉4種類（豚ひき、
豚ロース、鶏もも、鶏むね）、
鮮魚2種類（タラ、鮭）、
日持ちするアジの干物で
計7種類を購入。
すぐ使える「下味冷凍」
（P60〜63参照）に加工

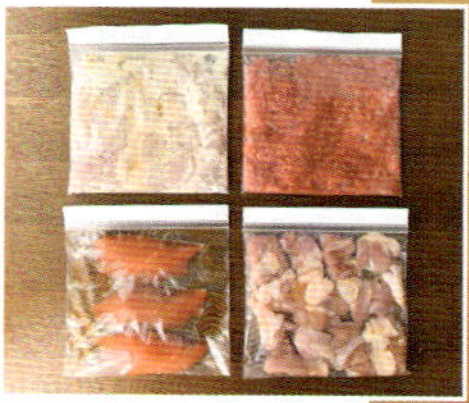

今回の買い物総額

5317円

1週間 使いまわし術

まとめ買いした食材は、ほぼ1週間で使い切ります。メインおかずは肉・魚、サブおかずは野菜が基本。「下味冷凍」と「カンタンつくりおき」を使いまわします。

月曜日

夕食

メインはタラのチーズ焼き。副菜はつくりおきのマヨごまキャベツ、切り干し大根煮、トマトのバジル和え。デザートにりんご

弁当

日曜日のメインの残りの豚ロースのしょうが焼き、卵焼き、つくりおきの切り干し大根煮、ブロッコリー、ミニトマト

火曜日

メインは下味冷凍の鶏むねのみそマヨ焼き。副菜は茶碗蒸し、サラダ、つくりおきの大根とこんにゃくの煮物、バターしょうゆなめたけ

しょうが焼きで豚ロースを使い切り。つくりおきの切り干し大根煮、大根とこんにゃくの煮物、レタス、ミニトマト

水曜日

メインは鮭の幽玄焼き。副菜はじゃがいもにチーズをのせてレンチンしたもの、つくりおきのやみつききゅうり、マヨごまキャベツ、大根とこんにゃくの煮物、なめたけ

鶏むねのみそマヨ焼きの残り、つくりおきの切り干し大根煮、ブロッコリー、ミニトマト、千切りキャベツ

まとめ買いした食材の

木曜日

夕食

メインは下味冷凍の鶏ももを唐揚げにして使い切り。副菜はキムチをトッピングした冷や奴、サラダ

弁当

鮭の幽玄焼きの残り、つくりおきの卵入り油揚げ、切り干し大根煮、なす南蛮、ブロッコリー、ミニトマト。つくりおきはこれでほぼ使い切り

金曜日

メインはアジの干物。干物は日持ちするので週の最後の方に登場。副菜はこんにゃくのみそ田楽風、大根おろし、サラダ

昨日の夕食の唐揚げ、千切りキャベツ、ミニトマト

日曜日

豚ロースのしょうが焼き、サラダ、つくりおきのバターしょうゆなめたけ、卵入り油揚げ、なす南蛮、切り干し大根、大根とこんにゃくの煮物、やみつききゅうり

土曜日

メインは下味冷凍のドライカレーに卵黄をトッピング。サブはサラダ、もやしと玉ねぎのスープ。明日の買い物前に、冷蔵庫の在庫を一掃できた！

冷蔵庫の中を〝見える化〟するとお金が貯まる

前ページにも書きましたが、食費7万円時代は食材を買い過ぎていたので、冷蔵庫の中はいつもギューギューでした。せっかく半額で買った肉が冷凍室の底で埋もれて、霜だらけになって発見されることもしばしば。冷蔵庫の中身を把握していなかったので、「ないと思って買ってきたら、まだ残ってた」とダブリ買いして、結局使い切れずにムダにすることも。

そこで週1回まとめ買いにしたのをきっかけに、冷蔵庫の中を整理することに。まず消費期限・賞味期限切れの食材を処分。これだけでも、冷蔵庫の中がかなり見通しがよくなり、どこになにがあるかわかるように。次に上段にはみそ、ヨーグルト、納豆などほぼ毎日使うもの、中段にはつくりおきおかず、下段にはビンものなど重いものと、どの段になにを置くかをざっくり決めました。その結果、在庫管理がしやすくなり、期限切れやダブリ買いが減少。

またつくりおきは中身の見える容器に入れて、ドアを開けたときパッと見て中身と残量がわかるようにしました。梅干しパックや小さなビン詰めは、奥に追いやれないようにケースにまとめています。冷蔵庫の中を〝見える化〟することで食材のムダが減り、食費節約に効果大！

iwakiのガラス容器で

つくりおきはガラスの保存容器に。横から残量が一目瞭然。日持ちを考えて、木曜日くらいまでに食べ切るのが目安

IKEAのケースで

ごはんのお供やおにぎりの具など、一緒に使うものはケースにまとめると、いっぺんに出せて便利

「カンタンつくりおき」で帰って15分で晩ごはん

保育園のお迎えを終えて帰宅すると、たいてい夕方6時半ごろ。ワーママにとっては、ここからが戦争です。子どもがおなかを空かせてグズらないように、そして21時に寝かせるためには、夕食づくりのスピードアップが必須！　そこで私は「つくりおき」を用意することにしました。

「つくりおき」といっても、メインおかず1品と副菜は定番の煮物か、野菜を切ってあえるだけの簡単なものばかり（P56〜59参照）。たいてい日曜日の午前中に買い物に行き、午後、夫に子どもを外に連れ出してもらっている2時間を使って、つくりおきの用意をします。料理が得意ではないので、決まったレパートリーをローテーションするだけ。iwakiの耐熱容器の「大」にメイン、「中」と「小」各4つ分に副菜をつくります。

平日の夕食の準備は器によそったり、電子レンジで温めるだけ。つくりおきと「下味冷凍」（P60〜63参照）のおかげで、帰宅して15分程度で夕食が完成。献立を考える手間もないし、つくるのが面倒になってスーパーで総菜を買うこともなし。つくりおきはお弁当のおかずにも重宝します。日曜日の午後ちょっとがんばるだけで、平日のごはんづくりにイライラしません。

つくりおきのおかげで夕食づくりがスムーズに。お腹を空かせた子どもたちを待たせない

週1つくりおきの3つのコツ

1 ほったらかしでつくれる煮物はマスト

鍋に材料と調味料を入れ、火にかけたら、ほったらかしでつくれる煮物を1〜2品入れる

2 切ってあえるだけのメニューで時短

トマト、きゅうり、長いもなど、生食できる野菜を使ったあえ物なら時短で調理できる

3 卵料理を1品入れるとラク

なにをつくろうか悩んだら煮卵などの卵料理がオススメ。簡単につくれ、安くてコスパ優秀

週1つくりおきパターン①

ほうれん草のソテー

フライパンにバターを溶かし、下ゆでして水分をきったほうれん草とベーコンを炒め、仕上げにしょうゆをまわし入れる

肉じゃが

じゃがいも、牛切り落とし肉、玉ねぎ、にんじんをしょうゆ、酒、みりん、砂糖で煮る

煮卵

鍋に水を沸騰させ、卵4個を入れ、中火にして、約7分加熱して半熟卵をつくる。殻をむいてめんつゆに漬ける

トマトの香味だれ

乱切りにしたトマト2個分に大葉のみじん切り2枚分、しょうゆ、みりん、酢各大さじ1、ごま油小さじ2を加えて混ぜ合わせる

プルコギ

牛切り落とし肉250gをおろしにんにく、コチュジャン、砂糖各大さじ1、しょうゆ、酒各大さじ2に20分漬ける。フライパンにごま油をひき、薄切りの玉ねぎ½個、細切りのにんじん½本、もやし½袋、5cm長さにカットしたにら½束を炒め、下味のついた牛肉を加えて、牛肉に火が通るまで全体を混ぜながら炒める。好みで白ゴマをふる

さつまいものレモン煮

鍋に輪切りにしたさつまいも½本（約100g）を入れ、ひたひたの水、砂糖大さじ1、レモン汁小さじ1を入れ、さつまいもが柔らかくなるまで煮る

ひじき煮

乾燥ひじきは水で戻し、大豆のドライパック、にんじん、こんにゃくと一緒にしょうゆ、砂糖、みりん、酒で煮る

無限ピーマン

耐熱容器に細切りにしたピーマン1個分、シーチキン½缶（35g）を入れ、ラップをして電子レンジで2分加熱。ごま油、鶏がらスープの素各小さじ½、塩、こしょう各少々を加えて混ぜ合わせる

長いもの漬物

5cm長さに切った長芋を拍子切りにして、しょうゆ、酢各適量を混ぜ合わせる

※この本で掲載している電子レンジの加熱時間は、500wの電子レンジを使用した場合の目安。電子レンジで液体を加熱するとき、沸点に達していても、沸騰しないことがごくまれにあります。この状態の液体が突然、沸騰して液体が激しく飛び散ること（＝突沸現象）があり、やけどの原因になるので要注意

つくりおきは大1、中4、小4をヘビロテ

週1つくりおきパターン②

卵入り油揚げ

油揚げ2枚は半分に切り、中を開いて袋状にする。袋1つに卵1個を割り入れ、口をパスタ（またはようじ）で閉じる。鍋に水½カップ、めんつゆ小さじ2、しょうゆ、砂糖各大さじ1と卵入り油揚げを入れ、中火で約8分煮て、卵に火を通す。半熟なら約6分

大根とこんにゃくの煮物

大根¼本、こんにゃく1枚は約1cm角のサイコロ状に切る。ごま油で炒め、しょうゆ、みりん、酒各大さじ2、砂糖小さじ1で味つけし、仕上げにかつお節を混ぜる

やみつききゅうり

たたいてから乱切りにしたきゅうりにごま油、塩昆布、しょうゆを加えて混ぜる

切り干し大根煮

切り干し大根10gは水で戻し、食べやすい長さに切る。にんじん¼は千切り、しいたけ1個は薄切りに。切り干し大根とにんじん、しいたけを卵入り油揚げの残った煮汁の中に入れ、にんじんが柔らかくなるまで煮る

マヨごまキャベツ

耐熱容器にキャベツを入れ、ラップをして電子レンジで加熱して柔らかくし、マヨネーズ、白ごま、砂糖、だしの素、しょうゆで味つけする

バターしょうゆなめたけ

えのきだけ½袋は石づきを切り落とし、半分に切る。耐熱容器にえのきだけ、しょうゆ大さじ½、バター5g、めんつゆ小さじ1を入れ、ふんわりラップをして電子レンジで3分加熱する

トマトのバジル和え

乱切りにしたトマトをリーブオイル、粉末バジル、塩、こしょうであえる

なす南蛮

耐熱容器に乱切りにしたなす1個分にごま油小さじ1をかけ、ラップをして電子レンジで2分加熱。しょうゆ、砂糖、酢各小さじ1、めんつゆ小さじ½を加えて全体を混ぜ合わせ、再びラップをして電子レンジで1分加熱し、仕上げにかつお節をかける

タラのチーズ焼き

キッチンペーパーで水分を拭き取ったタラ2切れの上に、玉ねぎのスライス¼個分、しいたけの薄切り1個分、とろけるチーズひとつかみをのせ、200℃に温めたオーブンで15分焼く。仕上げに黒こしょうをふる

中
小
中
大

下味冷凍で献立にもう悩まない

わが家のごはんづくりの要になっているのが「つくりおき」（P56〜59参照）と、これからご紹介する「下味冷凍」です。「下味冷凍」とは、肉を食べやすい大きさに切り、調味料に漬けて、調味料と一緒に冷凍するもの。

つくり方は簡単。冷凍用保存袋にレシピ通りの調味料と肉を入れ、調味料をなじませるようにしてもみ込みます。袋の中の空気を抜きながら、袋の口をしっかり閉じて密封（中に空気が残っていると霜の原因になるので注意！）。冷凍室で1カ月程度、保存が可能です。

「下味冷凍」のいいところは、解凍すればすぐ、焼く、炒める、揚げるなどの調理ができること。素材を見て、「さて、何をつくろう……？」と献立を一から考える必要がなく、帰宅後サッとつくれます。味がしっかりしみ込んでいて、冷凍することで繊維が壊れ、肉がやわらかくなるのもメリットです。使うときは、朝のうちに冷蔵室に移動させて解凍しておきます。焼く、炒めるの場合は半解凍でも調理できますが、揚げるときは完全に解凍してから調理を。鮭、さわら、ブリなどの切り身魚もオススメです。

鶏むね肉で

（鶏むね肉は各1枚ずつ使用。
調理法は焼く、野菜と一緒に炒める）

みそマヨ漬け

おろしにんにく…小さじ2
おろししょうが…小さじ1
マヨネーズ…大さじ4
みそ…大さじ3
砂糖…大さじ1
酒…大さじ1

ゆずこしょう漬け

ゆずこしょう…小さじ2
しょうゆ…大さじ1
酒…大さじ1
ごま油…大さじ1

バーベキュー漬け

おろしにんにく…小さじ½
ケチャップ…大さじ4
中濃ソース…大さじ2
酒…大さじ2
はちみつ…大さじ1
しょうゆ…大さじ1
砂糖…小さじ1
コンソメ…小さじ1

鶏もも肉で

（鶏もも肉は各1枚ずつ使用。
調理法は焼く、野菜と一緒に炒める。
スタミナチキンは小麦粉をつけて
唐揚げにも）

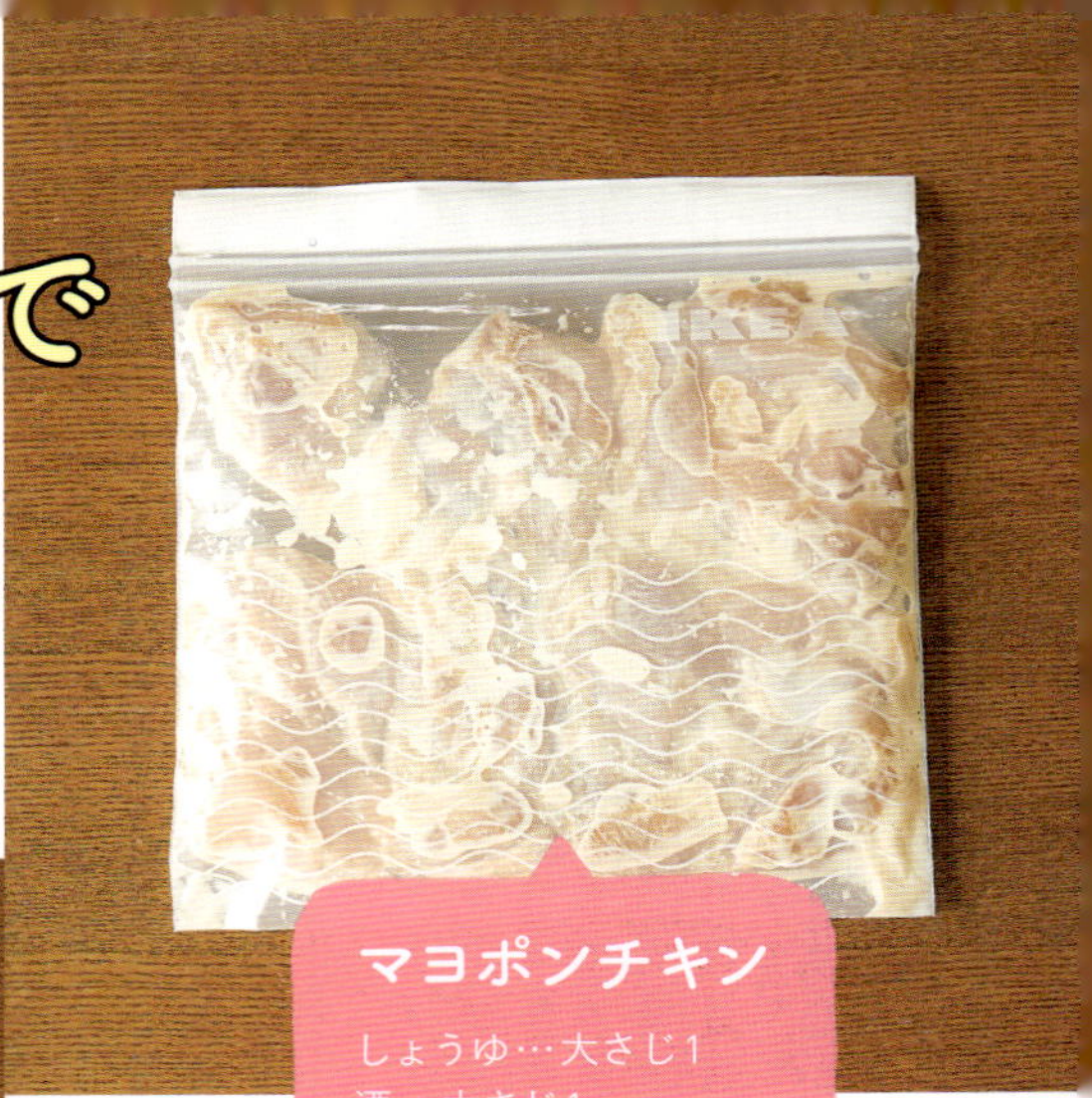

マヨポンチキン

しょうゆ…大さじ1
酒…大さじ1
マヨネーズ…大さじ1
ポン酢…小さじ1

スタミナチキン

おろしにんにく…小さじ1
しょうゆ…大さじ2
みりん…大さじ2
酒…大さじ1
砂糖…小さじ1

油淋鶏風

長ネギのみじん切…½本分
おろしにんにく…小さじ1
おろししょうが…小さじ1
しょうゆ…大さじ2
酢…大さじ2
砂糖…大さじ1
ごま油…大さじ1

豚ロース肉で

（豚ロース肉は各2枚ずつ使用。
調理法は焼く）

しょうが焼き

おろししょうが…大さじ1
砂糖…大さじ2
しょうゆ…大さじ2
酒…大さじ2

みそ漬け

みそ…大さじ2
みりん…大さじ1
しょうゆ…大さじ1
砂糖…大さじ1
酒…大さじ1

甘辛焼き

おろしにんにく…小さじ1
おろししょうが…小さじ1
しょうゆ…大さじ2
酒…大さじ2
砂糖…大さじ2
みりん…大さじ1

"1食材"丸ごと1個の使いまわしで食費ダウン

大根やキャベツなどの大物野菜が丸ごと1個、えのきだけが2袋組みで安く売っていることがあります。でも量が多いと使い切れずにムダにしてしまうので、買うのをためらってしまうことが……。それで、割高でも½カットや¼カット、1袋ずつで買いますが、本当は丸ごとや2袋買いの方が割安でお得です。

そうはいっても、丸ごと1つだとどうやって使い切ろうか悩みます。レシピがワンパターンになりがちだし、使い切れずにムダにしてしまっては節約にはなりません。そこで、私はレシピを難しく考えずに、味つけを少しずつ変える「1食材おかず」をつくることにしました。

たとえば、キャベツは千切りキャベツだけでは使い切れませんが、しらすとあえる、コンソメの素と煮る、じゃこと梅肉とあえる、これだけで3パターンできます。ごま油、オイスターソース、粉チーズ、おかか、みそ……など家にあるものを実験感覚で組み合わせると、思わぬおいしさに出合えることも。また「1食材おかず」は、食材を1種類しか使わないので、洗ったり、切ったりするのもラク。あと1品おかずがほしいときに重宝します。

キャベツ de 3品

しらす蒸し

耐熱容器にザク切りのキャベツ¼個分、しらすふたつまみ、酒小さじ2、だしの素小さじ1を入れ、ラップをして電子レンジで2分半加熱。仕上げにごま油大さじ1、しょうゆ小さじ1を加えて混ぜる

コンソメ煮

鍋にザク切りのキャベツ¼個分、薄切り玉ねぎ¼個分、細切りのベーコン2枚分、固形コンソメの素1個、水½カップ、黒こしょう少々を入れ、中火にかけ、野菜が柔らかくなるまで煮る

梅じゃこあえ

耐熱容器にザク切りのキャベツ¼個分を入れ、ラップをして電子レンジで5分加熱。梅肉1個分、ちりめんじゃこふたつまみを入れ、しょうゆ小さじ1を混ぜ合わせる

※レシピはすべてつくりやすい分量

えのきだけ de 3品

使用するえのきだけは各½袋。耐熱容器に石づきを切り落とし、半分にカットしたえのきだけと下記の調味料を入れ、ふんわりラップをかけて、電子レンジで3分加熱する。

定番のなめたけ

合わせる調味料：砂糖大さじ1、しょうゆ小さじ2、みりん、酢、めんつゆ各小さじ1

塩なめたけ

合わせる調味料：酒、水各小さじ2、オイスターソース小さじ1、鶏ガラスープの素小さじ½、塩、おろししょうが各小さじ⅓

スタミナなめたけ

合わせる調味料：酒小さじ2、みりん、ごま油、鶏ガラスープの素各小さじ1、おろしにんにく小さじ⅓

大根 de 3品

豚バラ大根

フライパンにごま油大さじ1をひき、細切りにした豚バラ肉150gを入れて炒める。短冊切りにした大根⅓本分、砂糖、しょうゆ、みりん各大さじ2、めんつゆ小さじ1、水1カップを加え、大根に火が通るまで中火で煮る

オイマヨ大根

大根⅓本はスライサーまたはピーラーで細長の薄切りにする。マヨネーズ大さじ3、すりごま(白)大さじ2、オイスターソース大さじ1を混ぜ合わせる

居酒屋風大根サラダ

大根⅓本はスライサーまたはピーラーで細長の薄切りにする。しょうゆ、ごま油各大さじ2、いりごま(白)、酢各大さじ1、砂糖、みりん各小さじ1、かつお節ひとつまみを混ぜ合わせる

みそ小さじ2、かつお節（和風顆粒だしでもOK）小さじ1を混ぜ合わせ、団子状にして、右からとろろ、あおさ、ごまをまぶしたみそ玉

〝みそ玉〟があれば、30秒でみそ汁完成！

「夕食は簡単&時短でつくれるものでよし！」がモットーですが、みそ汁だけは毎日つくります。普段は普通につくりますが、心身ともに最大級に疲れたときは「みそ玉」の登場です。「みそ玉」とは、みそとかつお節を混ぜて団子状にして、好きな具材をまぶしたもの。お椀に入れてお湯を注ぐだけで、かつおだしの効いたみそ汁が完成します。つくりおきを用意するときや、夫の晩酌のつまみをつくるついでなどに、まとめて10個つくっておきます。

ラップして、冷凍庫で約1カ月保存可。具材はわかめ、佃煮海苔、じゃこ、鮭フレーク、焼き海苔、大葉やみょうがなど香味野菜のみじん切りもおいしいです。にんじん、大根、イモ類はもちろん、ほうれん草や小松菜など、加熱が必要な野菜は不向きです。

いろんな素材に合わせやすい！オススメ万能だれ

市販のたれもいいですが、定番の自家製だれがあるとなにかと便利です。私がよくつくるのは、「玉ねぎおろし甘辛だれ」と「ねぎ塩だれ」。両方とも使う食材と調味料の数が少なく、どの家庭にもある定番の調味料しか使わないので、玉ねぎと長ねぎさえあれば、思いついたときにすぐつくれます。

牛肉、豚肉、鶏肉なんでも合い、焼いた肉にソースのようにかけてもよし、生の肉に混ぜて冷凍してもよし。私はこのたれでよく「下味冷凍」（P60〜63参照）をつくります。ねぎが肉の臭みをとってくれて、肉のおいしさがアップ！さわら、たら、めかじきなど切り身魚にも合います。

「ねぎ塩だれ」はチャーハンの味つけや餃子のつけだれにも使えるので、ぜひ一度試してみてください。

ねぎ塩だれ（作りやすい分量）

長ねぎのみじん切り…1本分
ごま油…大さじ5
黒こしょう…小さじ1
塩…小さじ1/2

玉ねぎおろし甘辛だれ（作りやすい分量）

おろし玉ねぎ…1/2個分
おろしにんにく…小さじ1/2
しょうゆ…大さじ3
酒…大さじ2
砂糖…小さじ2

「食品ロスメモ」で食材をムダなく使い切る

1カ月の食費が7万円もかかっていたころは、献立を決めずにフラリとスーパーに立ち寄り、その日食べたいものや特売品を買っていました。安いからという理由だけで買ったお肉は使い道を考えていないので、なかなか使い切れず、消費期限ギリギリまでチルド室で粘り、切れる間際に冷凍室に移動。この時点でかなり鮮度が落ちているので、解凍して食べる気がせずに破棄……ということがよくありました。また、野菜も買い過ぎていたので、ダメにすることもしばしば……。

「これではいかん!」と、自分への戒めのために、「食品ロスメモ」をつくることにしました。週1回のまとめ買いの前に、冷蔵庫の中をチェックして消費期限・賞味期限切れしたもの、痛んだ野菜などがあったら処分。その際に、処分した食材とその量をメモして冷蔵庫のドアに1週間貼っておきます。処分するということは、買いすぎたり、自分には使いにくい食材ということ。冷蔵庫を開けるたびにこのメモを目にすることで、食材をムダにしない意識を持つように。翌週、同じ食材を買うときには、買う量を調整するようになりました。

使い切れずにムダにしてしまった食材とその量を書いたメモを冷蔵庫のドアに貼り、食品ロスを出さないための自分への〝戒め〟に

〝ズボラ飯〟でもテンションが上がる！器選び

昔、京都の旅館に泊まったとき、おばんざいが小皿や小鉢にちょこっとずつ盛りつけられて、夕食に出てきたことがありました。1品ずつの量は少なくても、それぞれ違う器に盛られていると、ていねいな印象とごちそう感があります。これを家でも真似することにしました。

使っているのは、100円ショップの豆皿がほとんど。盛りつけるおかずは、切り干し大根やひじき煮といったわが家の定番おかずです。煮物など見た目が地味な茶色っぽいおかずが、カラフルな豆皿に盛りつければ、京都のおばんざい風に変身！　つくりおきおかずも「いつものアレか」というマンネリ感がなくなります。

最近では、器の色や形と料理との組み合わせのバリエーションを増やしたいと思い、和食屋さんや旅行先でいただくお膳の写真を撮って参考に。器の組み合わせも大事で、濃い色のものは1点にして他は淡色にすると、器同士がケンカしないでバランスがよくなります。

また毎晩、晩酌をする夫には、「豆皿＋竹ざる」の組み合わせで居酒屋風に（P74参照）。この盛りつけのおかげか、夫もテンションがあがり、外で飲むこともほとんどなくなりました。

豆皿があると便利

ダイソー、セリア、ニトリなどプチプラの豆皿やザルに盛りつけるだけで、いつものおかずがおしゃれに

夫が喜ぶ家呑みおつまみセット

夫はお酒好きなので、以前は飲んで帰ってくることがちょいちょいありました。外飲みは最低でも1回3000円はかかるし、帰宅が遅くなってイライラして、「夫ばかり外で飲んでズルい！」と、夫婦ゲンカの原因にもなっていました。「できることなら、なるべく家で飲んで欲しい！」と、思いついたのが「居酒屋風おつまみ作戦」です。

少量ずつ豆皿によそって、ざるにのせれば居酒屋風おつまみセットが完成します。お刺身を買うこともありますが、外飲み代を考えれば断然安上がり。あとはつくりおきのおかずや市販の明太子、野沢菜、ごま豆腐などを利用。こういうときにも役に立つのが豆皿（P72参照）で、市販品でも豆皿によそうと小料理屋さん風になります。このおかげで夫の外飲み回数が劇的に減り、外飲み代も激減。今では歓送迎会など会社の行事以外は、ほとんど外飲みしなくなり、帰宅途中にコンビニに寄っておつまみやお菓子を買うこともなくなりました。

夫が家で晩酌すると夫婦の会話が増えて、夫婦円満にも役立っています。

家呑みが楽しくなった

右上からサーモンのカルパッチョ（オリーブオイル、レモン汁、塩、こしょうであえる）、野沢菜、明太子、エビマヨ（殻と背ワタを取ったブラックタイガーを塩ゆでし、マヨネーズと黒こしょうであえる）

右上からマグロの刺身、定番のなめたけ（P66参照）、いんげんのごまあえ、水で戻したきざみ昆布に明太子を混ぜた昆布明太子

右上からやみつききゅうり（P58参照）、市販のごま豆腐（ついているたれをかける）、キムチ

右上から野沢菜、市販のごま豆腐（ついているたれをかける）、明太子、エビとブロッコリーのマヨあえ（ブラックタイガーとブロッコリーを塩ゆでし、マヨネーズ、レモン汁、黒こしょうであえる）

宮崎県都城市の返礼品「バイオ茶ポークよくばりセット」。全部で約2.8kgのお肉を実質2,000円でゲット。夫が好きな肉料理がたっぷり楽しめます

「ふるさと納税」でお得でリッチな食卓に

テレビのニュースで「ふるさと納税」のことを知り、「これはお得そう」と関心を持ちました。周りにやっている人がいなかったので自分でネットで調べて、やり方を習得。総務省の「ふるさと納税ポータルサイト」をはじめ、ていねいに説明しているサイトがたくさんあるので、すぐにマスターできました。最初の寄付先には、少しでも自分に関係している自治体がいいと思い、祖母が住んでいる和歌山市を選択。みかんと干物を返礼品として受け取りました。

その後は、「ふるさと」とは関係なく自分たちが欲しい返礼品で選んでいます。山形市のさくらんぼ「佐藤錦」、熊本県宇城市のいちご「さがほのか」、鹿児島県志布志市の「楠田の極うなぎ蒲焼」宮崎県川南町の「さんぎょうみらい豚肉セット」など、特産品の食べ物を返礼品にしている自治体を選んで寄付。わが家では〝お取り寄せ〟感覚でふるさと納税しています。実質負担が2000円で、月々の食費予算では買えないようなリッチな食材が手に入るのはかなりお得。外食費が減って節約にもなります。

全国の特産品で食卓が潤う！

「ふるさと納税」のやり方

初めての人でも、この手順で簡単にトライすることができます。

1 「選ぶ」

ふるさと納税ポータルサイトを選びます。私の場合は「楽天ふるさと納税」を利用。次に、欲しい返礼品または寄付したい自治体を選択。寄付できる限度額は収入や家族構成によって異なり、限度額を超えた分は、税金の控除の対象外になるので要注意※

※総務省「ふるさと納税ポータルサイト」で確認可

↓

2 「寄付する」

欲しい返礼品が見つかったら、申し込みをして自治体に寄付します

↓

3 「届く」

返礼品と「寄付金受領証明書」が届きます。「寄付金受領証明書」は税金の控除手続きに必要なので必ず保管

↓

4 「手続きをする」

税金の控除を受けるために「確定申告」または「ワンストップ特例制度」※の手続きをします

※「ワンストップ特例制度」とは？
税金の控除を受けるには確定申告をする必要がありますが、寄付をした自治体にこの特例の適用に関する申請書を提出すれば、確定申告をしなくてもOK。寄付先が年間5自治体までで、かつ確定申告の必要がない人は、「ワンストップ特例制度」を利用可

〝外食欲〟に負けないおうちごはん

以前は、週末の夕食はほとんど外食していました。平日は仕事と家事と育児でフルスロットル。休日もやり残した家事、そして育児に追われるので、せめて「夕食は外で済ませてラクしたい！」と思っていたからです。とはいえ、外食しても3歳と1歳の子どもがいるので、落ち着いて食べられず、いつもお金を払って疲れに行っているみたいでした。それでも夫は外食をしたい派。そこで家のごはんをちょっと工夫してみることにしました。

夫と子どもに評判がいいのが、左ページの2品。「スヌーピー餃子」は普通に餃子をつくり、ごまとのりで顔をつくるだけ。子どもと一緒に顔をつくって楽しんでいます。ホットプレートを使えば、30個分をいっぺんに焼けてでラクです。「なんちゃって瓦そば」は、山口県を旅行したとき食べた瓦そばがヒント。両方ともホットプレートを使っていますが、家のごはんを盛り上げるには、ホットプレート料理がオススメです。食卓で焼きながら食べるのでイベント性があり、夫の外食欲も収まるようです。ホットプレートをセットしたり片づけるのは夫の担当。「外食もいいけど家で食べるのもいいね」と夫も思ってくれるようになりました。

スヌーピー
餃子

いつも通りに餃子をつくり、両端をくっつける。目と鼻は黒ゴマ、耳はのりで

なんちゃって
瓦そば

たっぷりの湯を沸かし、茶そばを表示時間より短めに、固めにゆでる。ホットプレートに薄くサラダ油をひき、茶そばを全体にのせ、その上に錦糸卵、甘辛く煮た牛肉、きざみネギをのせる。ホットプレートをONにしてそばの表面を焼く。仕上げにレモンの薄切りと大根おろしをトッピング。全体を混ぜ合わせて、めんつゆをつけて食べる

断捨離®するとお金が貯まる

家計の見直しをする前は、服や雑貨を買い過ぎ&ため込みすぎで家にはものがあふれ、散らかり放題でした。部屋の散らかりがストレスになり、家にいても落ち着かないので、休日は用事もないのに外出。そしてまた散財するという悪循環。「これでは、さすがにマズイ！」と思い、片づけの本などいろいろ読んだ結果、「断捨離」することを決意しました。

最初に手をつけたのは服。まず、1年以上着ていない服や状態が悪いものは処分しました。そして捨てるのを迷った服は、夫に観客になってもらい〝おうちファッションショー〟をして、ダメ出しされたものは処分。ほかにも何本もあるビニール傘、なぜか4つもあるはさみ、ノベルティのボールペンなど……複数あって必要のないものはいさぎよく手放しました。

断捨離したおかげで、部屋がスッキリ！　持ちものの数や収納場所を把握できるようになり、ダブリ買いや似たような服を買わなくなり、支出が激減しました。1度断捨離をすると、またものがあふれた居心地の悪い状態に戻りたくないという思いから物欲まで減少。家で過ごす時間が快適になったおかげで、意味なく外出してムダなお金を使うこともなくなりました。

ものが少ないから片づけも掃除も短時間でできる。働くお母さんにとって断捨離は欠かせない

「これでいい」より「これがいい」で考える

「これでいい」と思ってものを買うときと、「これがいい」と思って買うときでは、満足度がぜんぜん違います。

「これでいい」で買うときは、本当はあっちの方がいいけど、値段が高いから「これでもいいか」というケースが多いように思います。本当に欲しいものがほかにあるのに、値段の安さに妥協して買うのですから、満足度がイマイチなのは当たり前。あるいは、特に欲しいわけでも、気に入っているわけでもないけれど、みんなが持っているからとか、流行っているからなどの理由で「これでいいか」と選んで後悔することも。服を買うとき、ファッションサイトのランキングから選んでいたときの私がそうでした。

その点、「これがいい」と思って買ったものは満足度が高く、長く愛用します。たとえば左の写真のバッグは、結婚前に夫に買ってもらった「kate spade」のもの。「kate spade」としてはシックな色合いですが、20代のころから黒やブラウンの服が好きだったので「これがいい」と選びました。30代になった今でも、出番の多いお気に入りの一品です。

長く愛用して
元取れ度大！

「これがいい」で買ったもの。肌触りのよさとシンプルなデザインが気に入った「Lee」のワンピース（約9,000円）、手持ちの服とカラーコーデしやすい色の「kate spade」のバッグ（約5万円）、時計盤が大きくて見やすいのが「いい」と思った「MAVEN WATCHES」の腕時計（約2万円）

"一買一捨"でものを増やさない

わが家は51㎡の2LDK。断捨離をしたとき、この家のどこにこれほどものがしまい込んであったのかと思うほど、不用品があふれ出てきました。毎週末、作業をして約1カ月ほどかけてたくさんの不用品を処分しました。

そのときに感じたのが、「ものを捨てるときは心が痛む」ということ。ものを処分した後はスッキリ気持ちいいのですが、お金を出して買ったものをまだ使える状態で処分するのは、資源のムダ、お金のムダ、時間のムダで後悔ばかりが残ります。

これを機に考えたのが、「一買一捨」のルールです。ものを1つ買ったら、同じジャンルのものを1つ捨てます。たとえば、お店で「このニットほしいな」と思ったら、これと入れ替えに手持ちのニットの中で「捨ててもいい」と思えるものがあるかを自問します。手放してもいいと思うものが思い浮かばないようなら、それほど欲しいわけではないということ。自分の気持ちに納得して、買うのをやめます。このルールをつくってからは、ものが増えすぎず、一定量をキープできるようになりました。

“一買一捨”のルールで食器も
これだけ。客用食器は持たない

ゆきこの

捨てどき 見極めチェックリスト

- □ 服は1シーズン1度も着なかったら
- □ 靴はヒールが擦り切れ、修理する気がしなかったら
- □ バッグ、カバンは半年以上使わなかったら
- □ コスメは開封後、半年以上使わなかったら
- □ 食器は欠けたり、3カ月以上出番がなかったら
- □ 保存容器はニオイが気になったら

持ち物の定量を決める

前ページの「一買一捨」と同じく、ものを増やさないのに効果があるのが、「持ち物の定量を決める」こと。アイテムによって「○個」と数を決めてもいいし、「ここに入るだけ」とスペースで限定してもよし。

たとえば、今、私が持っているアクセサリーはペンダント1つとイヤリング2組だけ。以前はいろいろ持っていましたが断捨離した結果、本当に気に入っているものだけが残りました。ペンダントは23歳のときに「この先20年使える」と思って買ったティファニーの1粒ダイヤ。ふだんの通勤や結婚式などにも使えるので重宝しています。イヤリングは、抱っこしたとき子どもが触ってよくなくすので、雑貨屋さんで買ったプチプラのもの2つを使いまわしています。

また、雑誌は無印良品のファイルボックス1つに入るだけと決めています。スペースが限定されるので、むやみに雑誌を買わなくなりました。書店で「この雑誌の付録がいいな〜」と思っても、「家にある雑誌を捨てることになる」と思うと、手にした雑誌を棚に戻すことができます。ものが増えたり、ムダにお金を使うことがなくなりました。

アクセサリーは、シンプルなものと派手めなイヤリング2つ、8年前に買ったティファニーのひと粒ダイヤのペンダントのみ

自分が読む雑誌やムック本はこのファイルボックスに入る分だけ。入りきらなくなったら、どれかを処分

脱・浪費のクローゼットで朝の身支度がラクになる

左ページの写真は、うちのクローゼットです。夫婦2人分のオールシーズンの服がほぼ入っています。私の分はワンピース3着、トップス12着、スカート4着、パンツ2本で計21着。夫の分はズボン3本、トップス14着で計17着。ほかに引き出しが4段あるタンスがあり、そこには子どもの服と夫婦の下着、部屋着が入っているだけです。

断捨離を思い立ったとき、服から始めたほど以前の私はかなりの服持ちでした。バーゲンシーズンになると、最終処分の文字に購買意欲が刺激され、「今、買わなきゃ、損!」と買い込んでいたんです。でも翌年には奥の方にしまい込んで持っているのを忘れて、「今年着るものがない!」とまた買う……という状況でした。

服を断捨離した結果、ギューギュー詰めのクローゼットから解放されました。アイテムごとにかけているので、手持ちの服がパッと見てわかります。朝の服選びがスムーズになりました。服の枚数が減っても、「また同じ服を着ている」と思われないようにストールなど小物で変化をつけて、おしゃれを楽しんでいます。

ハンガーにかける服は1年分、夫婦でこれだけ。
端からワンピース、スカート、トップスと順番
にかけることで、朝のコーデもラクに

子ども服は「メルカリ」でお得にゲットする

自分の服はむやみに買わなくなりましたが、子どもの服となると財布のひもが緩みます。でも子どもはすぐ服を汚すし、サイズアウトするのも早いので、できるだけ安く買いたいと思っています。そこで私が利用しているのがメルカリ。出品数が多いので、なかには「このブランドがこの値段で買えるの？」という掘り出し物を見つけることも。

私がメルカリで子ども服を買うときは、ブランドにこだわらずカテゴリー検索します。たとえばTシャツを買うときは、「ベビー・キッズ→ベビー服（女の子用）〜95cm→トップス」からさらに絞り込み、「サイズ80cm、価格〜500円、送料負担は出品者、販売状況は販売中」で検索。値下げ交渉をする人もいるようですが、私はやりとりが面倒なのでしていません。

決済方法はクレジットカード払い、コンビニ決済、d払い、auかんたん決済などが選べますが、私は手数料がかからないクレカ払いにしています。またメルカリは商品代金を一時的にメルカリが預かるシステムになっていて、商品が届いたことを確認してから、出品者にお金が渡されるので、「支払ったのに商品が届かない」といったトラブルがなく安心です。

姉妹でおそろのコーデは「無印良品」のもの。Tシャツは600円と500円、サロペットは750円と600円でゲット！

便利グッズは安易に買わない

以前は、週1くらいのペースで100円ショップにフラリと立ち寄り、「何か便利なものはないかな〜?」と物色していました。ある日、電子レンジでポーチドエッグがつくれる容器を見つけて、「便利そう」と思い、即購入。ところが、実際に使ってみると、電子レンジの加熱時間の調整が微妙で、結局使わなくなってしまいました。すぐに使わなくなったのには、「どうせ100円だから」という心理も働いていたと思います。その後、ポーチドエッグのつくり方をネットで検索したら、マグカップでもつくれることを発見。先に調べてから買えばよかったと後悔しました。

テレビで紹介している便利グッズも魅力的です。千切りキャベツが簡単にできるスライサー、野菜の水切りがあっという間のサラダスピナー、電子レンジでごはんが炊ける容器など。特に料理の手間が軽減されそうなものには惹かれます。でも、1〜2度使ったきりでしまったままという経験が何度かあるので、便利グッズを買うときは、「ほかのもので代用できないか」「どれくらい使うか」「置き場所はあるか」を考えてから買うようになりました。

レンジとマグカップでポーチドエッグ

ポーチドエッグ用の便利グッズを買わずに、マグカップで代用。耐熱用のマグカップに卵と卵がすっぽりかぶるくらいの多めの水を入れ、ようじで黄身を4〜5カ所刺す。ラップをかけずに電子レンジで1分20〜40秒、様子を見ながら加熱

鍋ぶたで野菜の水切り

野菜の水切りはザルに鍋のフタをしてシェイクすればOK! サラダスピナーいらず

〝日用品は月1まとめ買い〟で予算をラクにキープ

わが家では、おむつやウエットティッシュなど子ども用の日用品をいろいろ使っています。なくなると困るので、以前はドラッグストアやスーパーで特売していたら、その都度ちょこちょこ買っていました。でも、今は月1回のまとめ買いにしています。

まとめ買いするようになった理由は、ポイントで得するため。ウエルシア薬局とハックドラッグでは、毎月20日に「お客様感謝デー」を開催しています。この日、「Tポイント」を使って購入すると、Tポイントが1.5倍の価値で利用できます。通常1ポイント＝1円が、1ポイント＝1.5円になるということです。これは見逃せないと思い、日用品は毎月20日に1カ月分をまとめ買いするようになりました。

ほかにも、まとめ買いには予算をキープしやすいというメリットがあります。1カ月に消費する日用品の量はだいたい決まっています。今月、補充すべき日用品を月1回まとめて買うと、バラバラ買うより予算内に収めやすくなります。おかげで、まとめ買いの日以外はドラッグストアの特売に誘惑されないようになりました。

ゆきこ流 Tポイントを貯めて・使う 超・お得な買い方テク

ポイ活で「Tポイント」を貯める

↓

毎月20日、「ウエルシア薬局」の
「お客様感謝デー」にTポイントを使って買い物すると……

通常1ポイント＝1円が
1ポイント＝ 1.5円に！

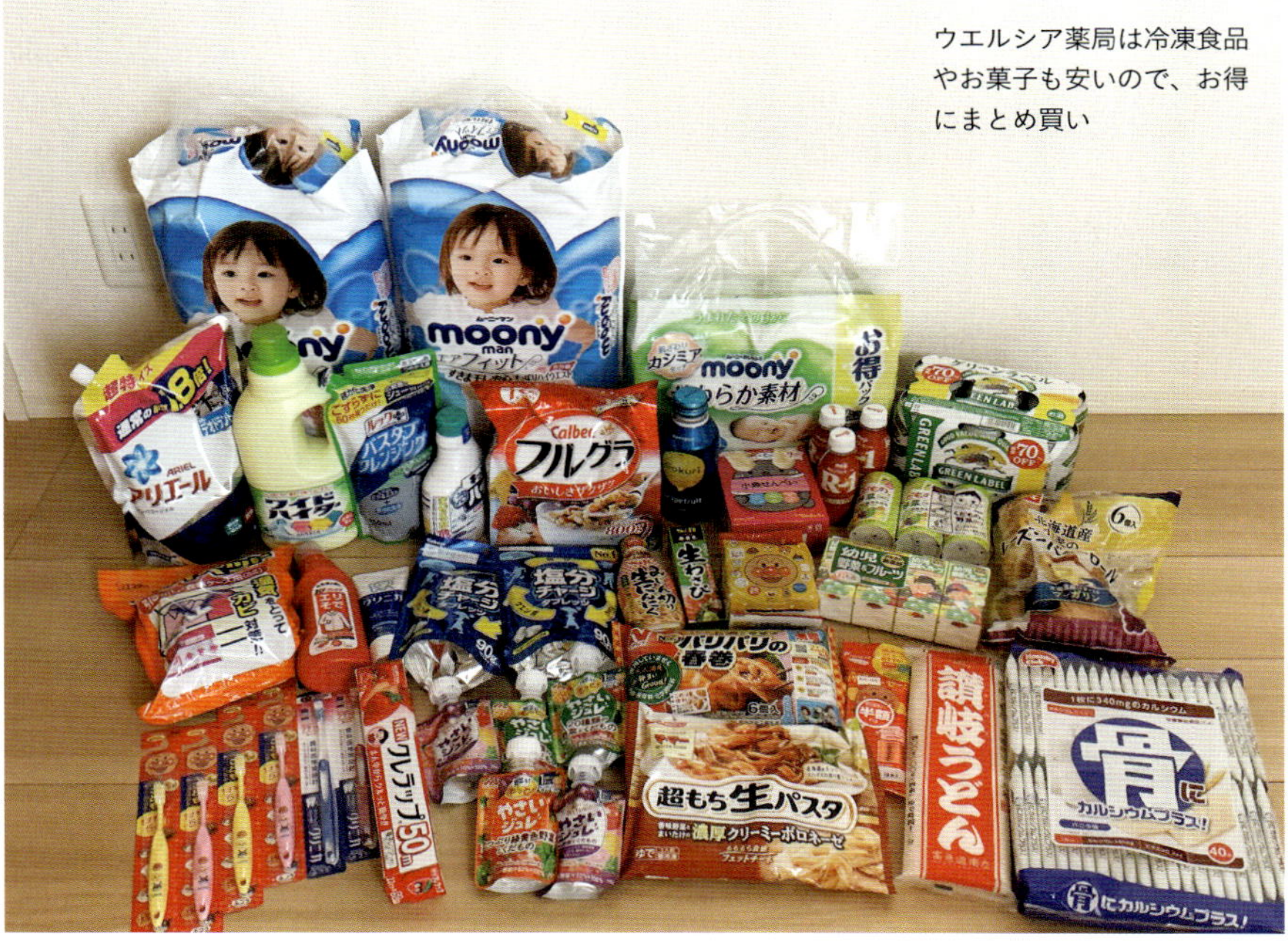

ウエルシア薬局は冷凍食品やお菓子も安いので、お得にまとめ買い

日用品のストックは1つがルール

「日用品は月1回まとめ買い」にする前は、「本日特売日」のPOPを見るたびに、安さにつられてなにかしら買っていました。家にストックがあるものでも「どうせ使うものだし、腐るものじゃないし……」と。さらに、日用品メーカーは定期的に新製品を売り出します。香りが新しくなった柔軟剤、こすらなくても油汚れが落ちる食器用洗剤、ワンハンドプッシュ式の洗濯洗剤などなど。それらが発売記念のスペシャルプライスになっていたりすると試したくてまた買い込み、その結果、家にはストックがどんどんたまることに。

そんなことを何度か経験して、私は日用品のストックを買いだめするのをやめました。特売品を買いだめて節約できる金額はたかが知れています。それよりもそのとき気になるものや話題の商品を使って家事のテンションが上げる方が結果的にはコスパがいいと思ったからです。

また、買いだめすると置き場所にも困ります。買いだめをやめたおかげで洗面台下、トイレの棚、キッチンのシンク下など日用品のストックを置いていた場所がスッキリ。掃除もラクになりました。

家にあるストックは
たったこれだけ

ストックが1つずつなら収納
場所もとらない

書類を整えて探す時間と手間をなくす

以前は、書類の保管場所が決まっていなくて、いろんな所にしまっていました。だから、なにか必要なものがあると探し出すのが、ひと苦労。そこで、家じゅうの書類を整理することにしました。書類は、次の5つのジャンルに分けています。

①重要書類：証券会社の口座番号、健康診断結果、納税証明書、ＮＨＫ契約書、アパート契約書、奨学金契約書

②給与明細：夫婦の給与明細

③確定申告：医療費領収書、ふるさと納税の寄付金受領証明書

④年金・保険：保険証券、年金のお知らせ

⑤その他：子どもの健康診断、予防接種の紙など

1冊のファイルでは入り切らなくなり、2冊、3冊と増えたので、ジャンルごとにファイルボックスに収納。今では、夫も必要な書類を自分で出すことができるようになり、「あの書類、出しといて」と頼まれることがなくなりました。

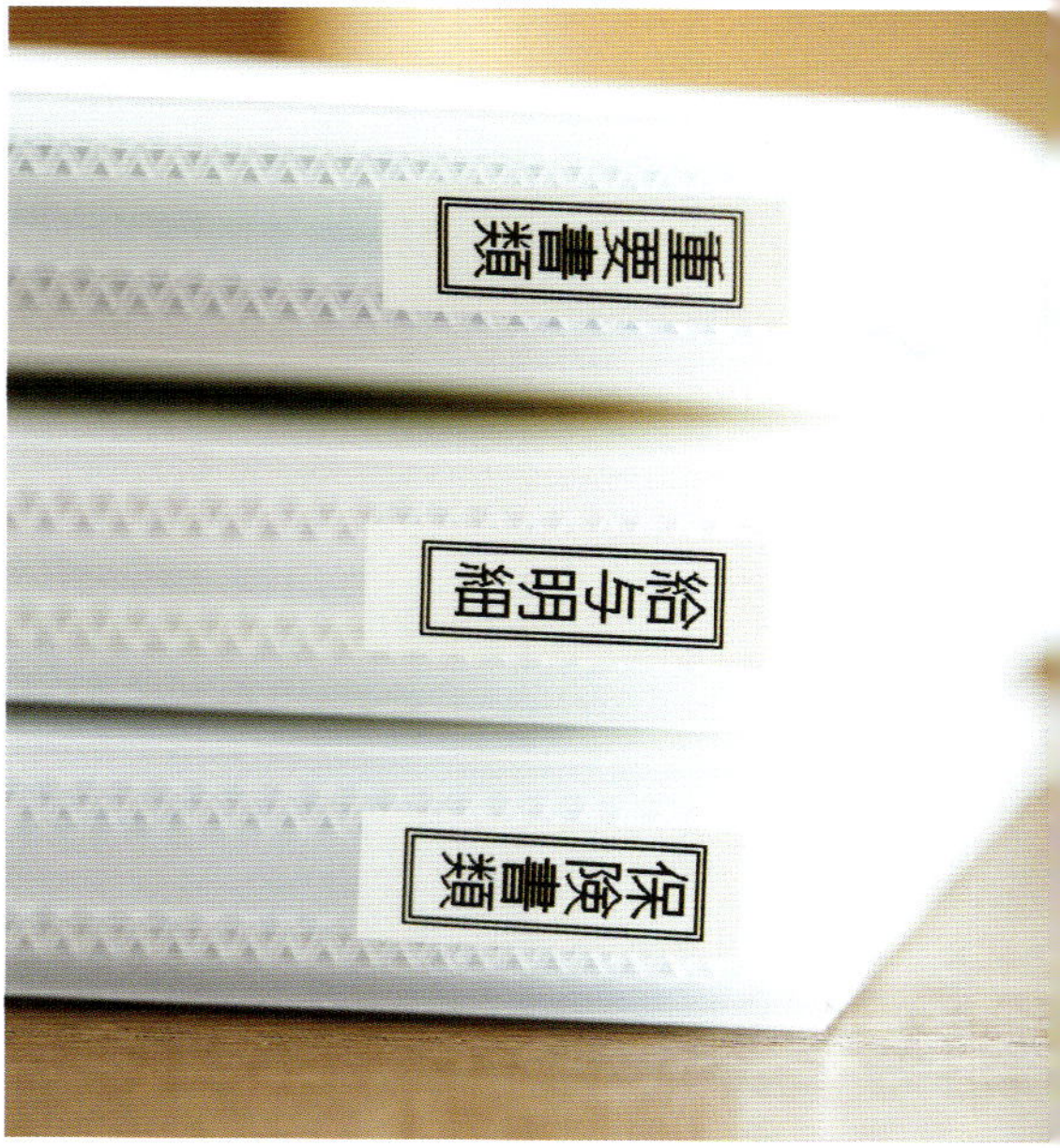

ジャンルごとに書類をファイルし、まとめてファイルボックスにIN。リビングのオープン棚に置いているので、必要なときにすぐ取れる

化粧品は〝ハイ&ロー〟のメリハリで買い分ける

社会人になったばかりのころの私は、ファッション誌に載っているようなブランドコスメや高級化粧品にあこがれていました。「化粧品はハイブランドでそろえたい。働いてるんだから、自分へのごほうびにそれくらいのぜいたくは許される」と思っていたので、化粧品はハイプライスのものでそろえていました。でも長女が生まれて、貯蓄0円のどん底からお金を貯める決意をし、削れる出費を洗い出したとき、コスメ代を削ることを決断。全部をロープライスにしなくても、こだわりのあるアイテムはハイブランドのままにして、ハイとローを使い分けることにしました。そうすればコスメ代をかなり節約できると思ったからです。

肌の印象は大事だと思ったので、下地クリーム、ファンデーション、コンシーラーはハイを選択。チークやハイライトなど、そのときの流行りの色を取り入れたいものはローにすることに。ハイブランドが必ずしも肌に合うとは限りません。スキンケアコスメは、肌がきれいな祖母が長年愛用している「ちふれ」を使用。ハイ&ローの買い分けで、使用感の満足度と貯蓄の確保を両立させることができました。

肌の印象を決める下地クリーム、ファンデーション、コンシーラーはハイ。チーク、ハイライト、アイブローなどはプチプラでよし

「無印良品」のマストバイ＆お得情報

ファイルボックスなどの収納用品や、毎日使うキッチングッズに「無印良品」を取り入れています。その理由は、まずは飽きのこないシンプルなデザイン。結婚後、片づけをラクにするために収納を見直したとき、まず最初に無印良品のファイルボックスを買いましたが、今でも使い続けています。収納用品はどこに置いても悪目立ちしないし、手持ちの家具やインテリアアイテムと自然になじみます。

収納テクがなくても、収納用品を無印良品に統一するだけで、見た目がスッキリ。またインテリアのセンスに自信がないという人は、無印良品のインテリアグッズでそろえるだけで家の中がセンスアップすると思います。

クレジットカードの「ＭＵＪＩカード」もかなりお得です。新規入会でポイントが１０００円分もらえて、さらに年２回、５月と12月に５００ポイント、自分の誕生月に５００ポイントを獲得。買い物をしなくても、カードを持っているだけで年間１５００円分もお得なんです。年会費は無料。お得好きの私には魅力的なカードです。

無印良品 ゆきこのオススメ6点

※価格はすべて税込み価格

足なり直角　ケーブル編み ショート丈靴下

300円

3足まとめ買いすると790円とお得。かかとが直角で動いても脱げにくく、肌触りもよくてお気に入り

短冊形メモ チェックリスト

100円

TODOリストや予定表、買い物リスト、旅行時の持ち物リストなどに活用

素材を生かしたカレー バターチキン

350円

無印良品のレトルトカレーの中でも特にこれが◎。ご飯づくりをラクしたいときにも利用

シリコーン 調理スプーン

590円

「炒める」「混ぜる」「取り分ける」が、これ1本でできる万能アイテム

壁に付けられる家具・棚・幅44cm・オーク材

1990円

壁には虫ピンで刺したくらいの小さな穴しかあかないので、賃貸でも取り付け可能。わが家ではリビングの飾り棚に

やわらか ポリエチレンケース・中

790円

柔らかくて軽いから、子どもでも持ち運べる。おもちゃ収納や手紙、文房具、充電ケーブルの一時置き場に最適

「コストコ」のマストバイ＆お得情報

「コストコ」の魅力は、大量買いで単価あたりが割安になること。ただし、なかには割高なものもあるので、単価当たりの値段を確認することが大事。また1パックごとの量が多いので、友だちと一緒に行ってシェアするのがオススメです。

コストコならではのサービスに、購入した商品に満足できなかった場合、全額返金されるという「商品保証」があります。開封後でも、使いかけでもOKという親切なサービスです。

またコストコでは、クレジットカードはマスターカードしか使えませんが、マスターカードを持っていない人でも、プリペイドカードを使ってポイントをゲットできるワザがあります。

①「dカードプリペイド」(ドコモユーザーでなくても可)をつくる→②ポイントサイトで貯めたポイントをdポイントに替えて、「dカードプリペイド」にチャージ→③コストコでの買い物がdポイントで支払いでき、さらに購入金額200円でdポイントが1ポイントつく

「dカードプリペイド」は審査不要、年会費無料なので手軽につくれます。キャッシュレス時代にポイントでお得に買い物したい人は試してみてください。

コストコ ゆきこのオススメ6点

※価格はすべて税込み価格

オイコス
12個入り899円

スーパーで買うと1つ160円くらいなのが、コストコだと1個83円と約半額

刺身用生アトランティックサーモンフィレ
318円／g

消費期限が3日間なので小分けして冷凍。解凍してサーモン丼やカルパッチョなどに

めんたいマヨネーズタイプ
498円

ポテトサラダ、ブロッコリーサラダ、卵焼きの味つけなど大活躍

ディナーロール
36個入458円

1個約13円と超破格。冷凍保存して、オーブンでリベイクするとおいしい☆

オキシクリーン
5kg　2200円

漬けおき洗いすると、どんな汚れもスッキリ。洗濯槽もこれで2カ月に1回掃除

ロティサリーチキン
1.5kgで699円

100g46.6円の低価格。1回で食べ切れない分は冷凍してチキンカレーに

「業務スーパー」のマストバイ&買い方のコツ

「業務スーパー」は、「業務用の特大サイズで安い」が売りですが、普通サイズで安いものもありお買い得です。また電子レンジで加熱するだけ、油で揚げるだけで夕食やお弁当のおかずになる半調理品の種類が豊富なので、リピ買いしています。特に揚げものは、一から自分でつくるのは面倒なので、ワーママのお助けアイテムです。

実は、業務スーパーは、普通のスーパーでは売っていない世界各国の輸入食品を扱っているお店でもあります。左のページで紹介している「インスタントタピオカ」もそのひとつで台湾直輸入。タピオカティー発祥地、台湾の本場の味が堪能できます。

価格を安く抑えるためにコスト削減が徹底していて、商品の並べ方は多少雑然としていますが、商品配置を把握するとササッと要領よく欲しいものが買えるようになります。また安さにテンションが上がって買い過ぎないように、1回の買い物予算を決めることと、冷蔵庫の中を整理して買ったものを入れるスペースを確保してから買い物に行くのがオススメ。業務スーパーを上手に活用することで、食費節約に役立てることができます。

業務用スーパー

ゆきこのオススメ6点

※価格はすべて税別価格

メンチカツ
10個　235円

衣はサクッと、中は肉汁たっぷりでジューシー。弾力があって食べ応え抜群

讃岐うどん
5玉　147円

ゆでずに電子レンジで加熱するだけでOKだから時短調理にピッタリ

お徳用チキンナゲット
500g　348円

お弁当のおかず、おつまみ、小腹が空いたときに重宝

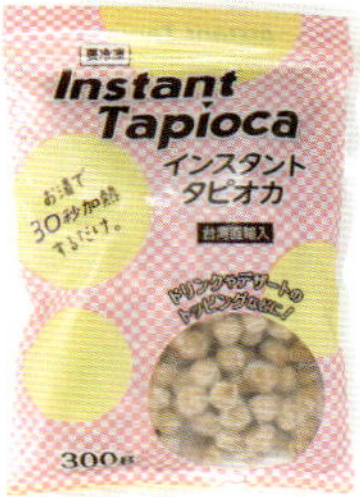

インスタントタピオカ
300g　348円

300gでこの値段。タピオカミルクティーが100円以下でつくれる

クリスピーフライドオニオン
150g　198円

スープに加えると炒め玉ねぎのような深い味わいに。サラダのトッピングにも◯

ごぼう唐揚げ
500g　368円

パリパリ&カリカリの衣と、塩味&ピリッとした味つけでおつまみに最適

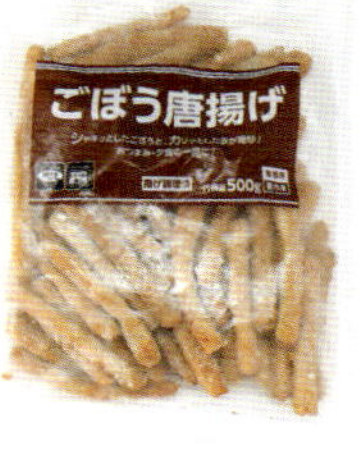

働くお母さんのバタバタしないタイムスケジュール

長女の育休後、仕事復帰したときは、家事も育児もちゃんとやろうとかなり気合いが入っていました。が、1日をこなすのが精一杯で、すぐに挫折。そこで24時間をうまくやりくりするために、時間に優先順位をつけることにしました。

1位　子どもと一緒に過ごす時間。やっぱりこれが一番大事

2位　夫と過ごす時間。夫婦仲がギスギスしてしまっては毎日が楽しく過ごせないので、晩酌につき合うなど、夫婦の時間を大切に

3位　仕事をする時間。学生時代からの夢だった職に就けたので、自分のキャリアを大事にしたい

4位　家事をする時間。家事はできるだけ時短できるように工夫

日々の行動は相変わらずバタバタですが、自分の時間に優先順位をつけたことで、気持ちのうえでのバタバタが少し落ちついたように思えます。また毎日のルーティンの家事のほかに、曜日ごとに家事や掃除を分散してこなすようにし、汚れをためないようにしています。

タイムスケジュール

平日の時間表です。土日は午前中、
夫と子どもが公園に行っている間に私は買い物へ。
午後は下味冷凍やつくりおきをつくります。

6:00	起床、自分の身支度
6:30	朝食・弁当づくり 夫・子ども起床 子どもに朝食を食べさせる
7:00	子ども登園準備・ゴミ捨て
7:30	家族全員で家を出る 途中で子どもを保育園に預ける
8:30	出勤
17:30	退社
17:50	保育園お迎え
18:30	帰宅 子どもと遊びながら夕食づくり
19:00	夕飯
19:40	入浴
20:00	歯磨き後に寝室へ 絵本タイム
20:30	子ども就寝
21:00	夫帰宅、夕食
22:30	夫入浴、風呂掃除 洗濯機をまわす、ブラーバをセット
23:30	洗濯物は浴室乾燥、 タオル類は乾燥機へ インスタの投稿をしたり、 ネットニュースを見る
0:00	就寝

曜日ごと家事スケジュール

毎日決まってやること以外の
家事は、曜日ごとに振り分け。
この分担表のおかげで、
家じゅうのキレイが自然に保てます。

月	トイレ掃除
火	棚の上を雑巾がけ
水	シンクの オキシクリーン漬け
木	トイレ掃除
金	夫のシーツを洗濯
土	妻のシーツを洗濯
日	コンロ掃除と シンクの オキシクリーン漬け

最新家電のフル活用で家事時間を短縮する

P109のタイムスケジュールからわかるように、平日の私の家事時間は1時間半程度。この時間内で掃除、洗濯、料理とあと片づけなど、ひと通りの家事を終わらせています。私の中では家事の優先順位は低いので、完璧にやろうとは最初から思っていません。それでもひと通りのことをこなすには、〝お助けアイテム〟が必要です。

家事時間を短縮するのになくてはならないもの、それが最新家電です。今どきの家電は優秀です。たとえば、「床拭きロボット ブラーバ」を夜寝る前にセットしておけば、寝ている間に床の水拭きが終了。ブレンダーはつくりおきをつくるときに大活躍してくれます。ハンディタイプのスチームアイロンは、アイロン台を出したりしまったりする手間がいらない分、アイロンがけが短時間でできます。

最新家電は安くはないので、確かに初期投資はかかります。でも、「時間」というなにものに代えがたい対価が手に入るのです。時間の余裕を生み出すためなら、最新家電を買うことは、じゅうぶん元が取れることだと私は思っています。

①フローリングの水拭きは「床拭きロボット ブラーバ」にお任せ。②みじん切りはブレンダーを使えばあっという間。③ハンディタイプのスチームアイロンなら、服をハンガーにかけたままアイロンをかけられるのでアイロン台いらず

「やらない家事」を増やす

「洗濯物は外に干すもの」と思っていませんか？　私もずっとそう思っていましたが、今住んでいるアパートには浴室乾燥機がついているので、洗濯物はお風呂場に干しています。わが家は夜洗濯なので、夜、お風呂場に干したらそのままでOK。朝の忙しいときに、洗濯物を外に出すという手間がなくなりました。天気予報がはずれて、勤務中に雨が降り出しても焦ることがないし、夕方、帰宅して慌てて取り込むこともありません。

子ども服をたたんでタンスにしまうのもやめました。子ども服は小さくてたたむのが難しいし、頻繁に取り出すので、取り込んだままタンスの引き出しにポイポイ放り込んでいます。ただし、シワが気にならない素材の服だけです。引き出しの中は誰に見せるわけでもないので、整頓されてなくても構わないし、取り出しやすさにも影響ありません。

「家事とはこうあるべき」とか「このやり方が正解」といった思い込みに縛られなくてもいいと思っています。やめても全然困らない家事は意外とあるもの。最近では、やめられる家事がほかにももっとあるのではないかと、日々探しています。

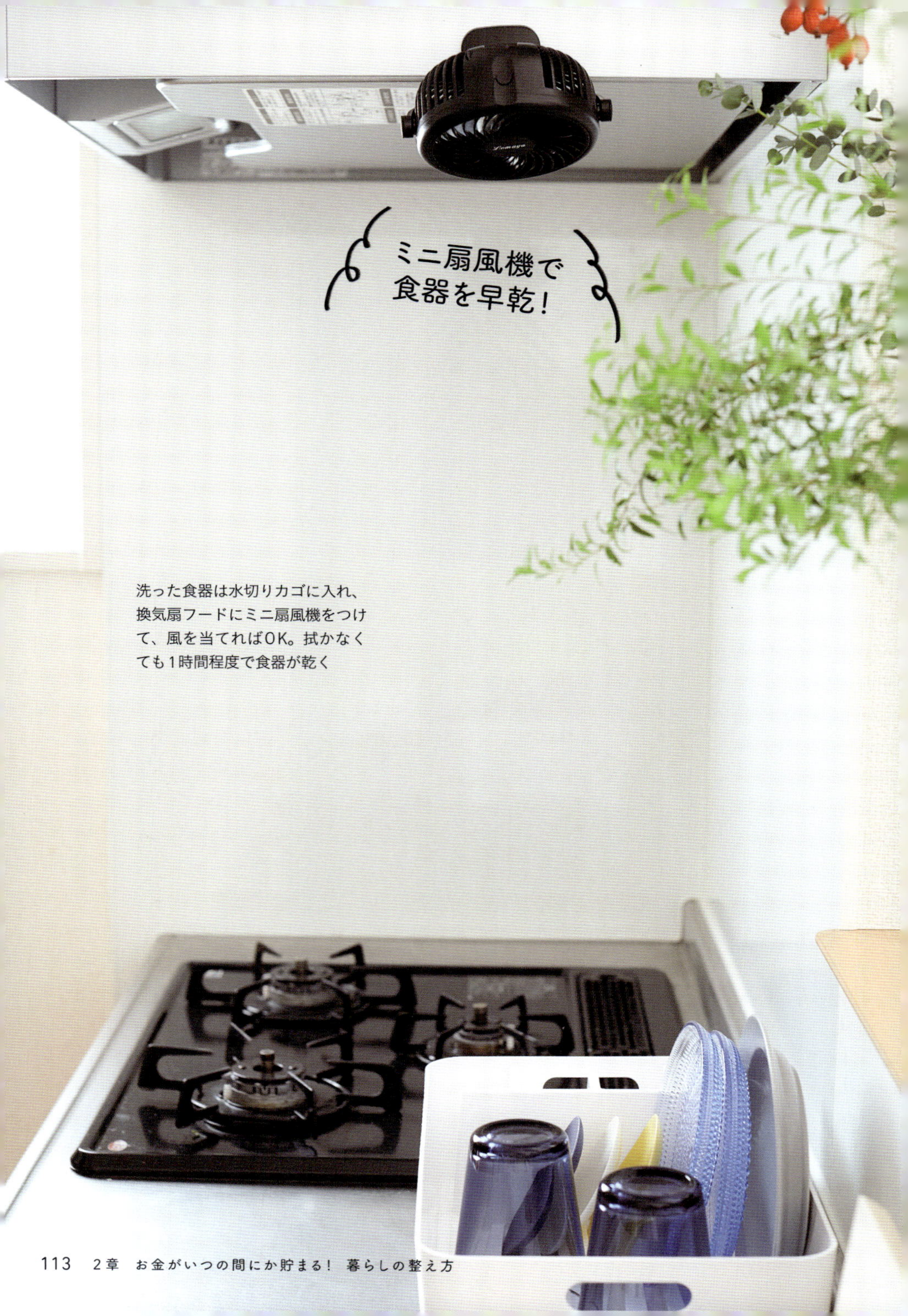

ミニ扇風機で食器を早乾！

洗った食器は水切りカゴに入れ、換気扇フードにミニ扇風機をつけて、風を当てればOK。拭かなくても1時間程度で食器が乾く

まだまだあります！

ゆきこの「やらない家事」

洗濯物は外に干さない

ドラム式の洗濯乾燥機を使用し、洗濯が済んだらシワになるもの以外は乾燥機へ。シワが気になるシャツなどは浴室乾燥で乾かす

バスマットは洗わない

ニトリの「珪藻土バスマット」は速乾性に優れ、最後に使った人が壁に立てかけておくだけで乾燥。防カビ、消臭効果もあり

米は研がない

「無洗米」を使用して、米を研ぐ手間と時間を省略

ゴミは集めない

家にあるゴミ箱はキッチンにあるものだけ。家族もゴミを捨てるときはこのゴミ箱に。「ゴミを集める」のではなく、「ゴミが集まる」仕組みに

子ども服はたたまない

「着る→洗濯する」のローテーションが早い子ども服はいちいちたたまず、放り込みでよし。シワも気にならない

家族の予定を夫と共有できる便利なアプリ

私たち夫婦は、家族のスケジュールを共有するために、「TimeTree」というアプリを使っています。アプリを使う前は、「LINE」で仕事や保育園の予定を送り合っていましたが、行き違いのトラブルがしばしば発生。たとえば、夫から「来週の金曜日に飲み会が入ったから夕飯はいらない」というメッセージがあったのを忘れてしまい、夫の分の食事をつくってしまったり。LINEを受け取っても、忘れてしまうパターンが多かったのです。このトラブルを解決してくれたのが「TimeTree」。

使い方は簡単。スマホ内のカレンダーに予定を入れて、夫と共有します。家族ごとに予定を色分けすることで、どの日に誰の予定が入っているのかがパッと見てわかります。それぞれの予定にはコミュニケーションスペースがあって、コメントや画像の送信ができるし、予定が近づいてきたら通知が来るように設定しておけば、忘れっぽい私でも安心。

このアプリのおかげで、スケジュールの確認ミスがなくなり、「えっ!? 今日、飲み会なの? 聞いてないよ〜」と朝から険悪な雰囲気になることもなくなりました。

カレンダーアプリ「Time Tree」のやり方

家族＝緑、ゆきこ＝ピンク、
夫＝青、夫（出張）＝紫、
長女＝オレンジ、二女＝黄色と
それぞれの予定を色分け

マンスリーで見られるので予定が把握しやすい。日付未定の予定を書き込んだり、ToDoリストなどを残すこともできる。新しい予定が登録されたり、更新されるとその履歴が新着順に並ぶので見逃さない

予定（タイトル）を記入

日付と時間を入力

スケジュールを夫と共有するときは「家族」を選択

場所をグーグルマップに連動できたり、URLをつけて、サイトとリンクすることもでき、夫との情報共有がスムーズ

COLUMN

ゆきこの感銘を受けた言葉

「世界でいちばん貧しい大統領」と言われたウルグアイ東方共和国のホセ・ムヒカ第40代大統領の言葉をあるとき知り、お金についての考え方が変わりました。

「貧乏な人とは、少ししかものを持っていない人ではなく、無限の欲があり、いくらあっても満足しない人のことだ」

「なにかを買うとき、お金で買っているわけではないということさ。そのお金を得るために使った『時間』で買っているんだよ」

ご存知の方も多いと思いますが、ムヒカ大統領は給料の9割を慈善事業に寄付し、自分の月給は約10万円。住まいは大統領公邸ではなく郊外の質素な農家、車は中古。そんなことから「世界でいちばん貧しい大統領」と呼ばれました。

ムヒカ大統領のこの言葉を知り、それまでお金を貯めるには、節約するよりも収入を増やすことの方が近道だと思っていましたが、家族や自分の時間を消費して働き、ストレスを貯めてお金を稼いでも、結局は満たされていないと気づきました。

時間を犠牲にして収入を増やすよりも、ムダに支払っている「捨て金」を減らすことが大事。家計をやりくりするのは、そのためなんですね。

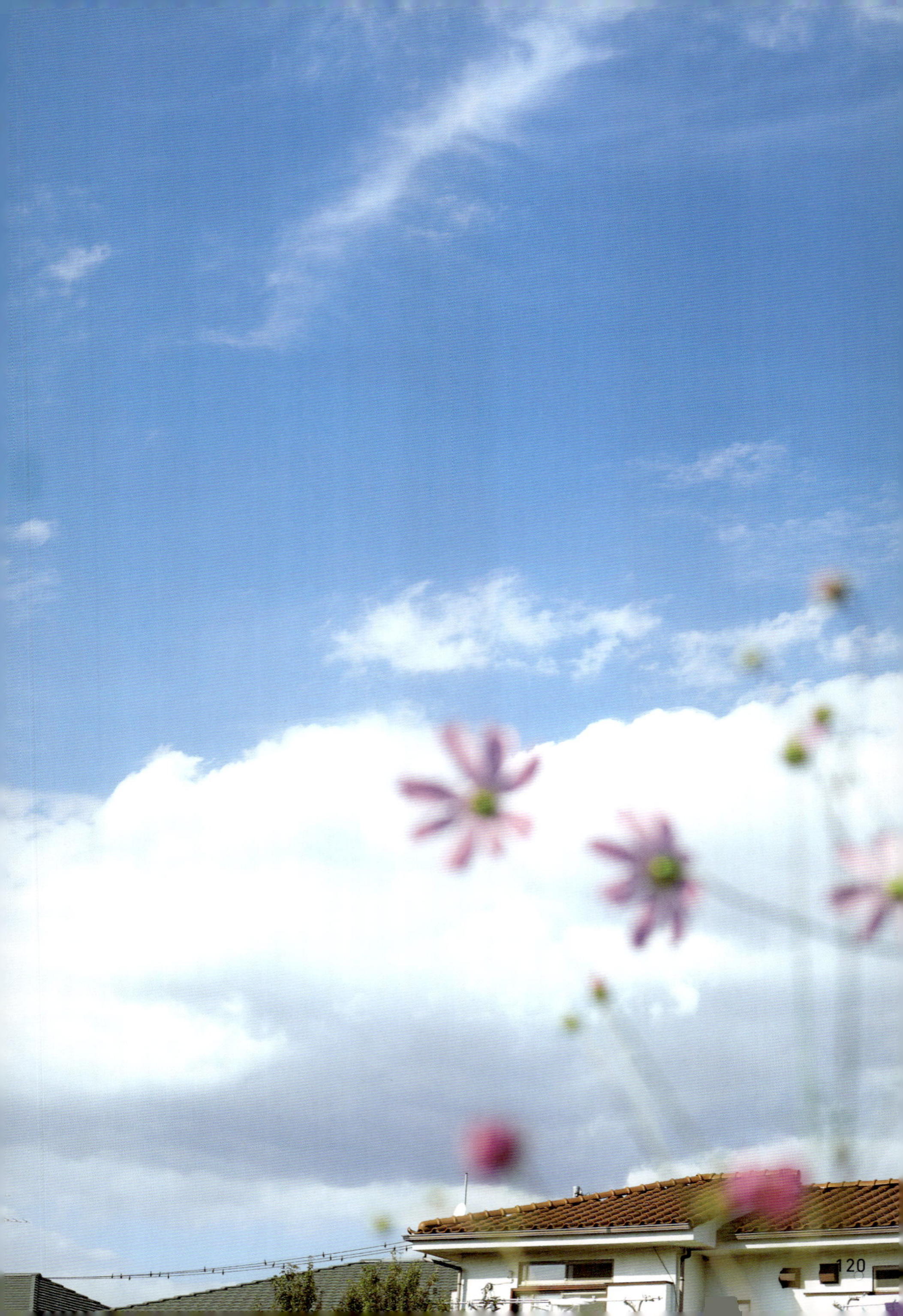

PART 3

ラクして貯める！お金のふやし方

家計をやりくりしてムダな出費をなくすことは、
お金を貯めるには大事なことですが、
貯まるスピードを加速するには
「お金にお金を稼いでもらう」手があります。

〝ポイ活〟で月2万円稼ぐテク、教えます

今どきのやりくり上手さんにとって、〝ポイ活〟はマストアイテム。もちろん、私もポイ活でお得にものを買ったりしています。

ポイ活のコツは3つあります。まず使用するクレジットカードを1枚に絞り込み、集中的に貯めること。ポイントを複数のクレカに分散して貯めるのは効率的ではありません。私の場合は、楽天カードに集中させています。

2つめは、通販サイトで買い物する際や、旅行・レストランなどを予約するときはポイントサイトを経由すること。経由するだけで、ポイントサイトのポイントがつきます。最近では夫も、飲み会の幹事になったときは、ポイントサイト経由でお店を予約するように。また通販サイトの支払いをクレカですれば、ポイントサイトとクレカの両方のポイントをゲットできます。

3つめがポイントサイトでアンケートに答えたり、ゲームなどをしてポイントをゲットすること。小さい子どもがいて外で働けないという人でも、子どものお昼寝時間や家事の合間などのすき間時間に、家にいながらにしておこづかい稼ぎができます。

お得なポイントの貯め方

買い物やレストラン・旅行の予約などをするときに、
ポイントサイトを経由するとポイントのダブル取りができます。

たとえば、通販サイトで買い物をする場合

ポイントサイトのポイントをGET

ネット通販や旅行の予約などのサービスを利用するときは、直接そのサイトにアクセスしないで、ポイントサイトを経由。それだけでサイトのポイントがもらえる

ポイントサイトを経由する
（ハピタス、ポイントインカムなど）

↓

通販サイトでクレジットカードで支払い

クレジットカードのポイントをGET

ポイントサイトを経由したのちに、利用するサイトにアクセス。支払いをクレジットカードですると、クレジットカードのポイントがもらえる

↓

ポイント交換サイトを利用
（ドットマネーなど）

手数料無料で現金や電子マネーに交換OK

ポイントサイトで交換すると手数料がかかることがあるが、ポイント交換サイトなら手数料無料で現金、電子マネー、ギフト券、自分が使いやすいポイントなどに交換できる

「楽天スーパーポイント」をガッツリ貯める＆お得に使う

私は、楽天カードと楽天が提供するサービスを軸にして「楽天スーパーポイント」を集中的に貯めています。楽天スーパーポイントのいいところは、ネットサイトでも実店舗でも使えるところが多いこと。また買い物やサービスの利用のほかにも、電子マネーの「楽天Ｅｄｙ」と交換できたり、楽天証券で投信積立を購入することも可。

さらに効率的に貯めるために、私は通販サイトや利用するサービスを「楽天」に替えました。たとえば、本は「アマゾン」から「楽天ブックス」に、旅行サイトは「じゃらん」ではなく「楽天トラベル」を利用するように。

ほぼ月1回のペースで楽天市場で開催される「お買い物マラソン」も、一度にたくさんのポイントをゲットするのに有効です。開催期間中に買い物をするショップの数を増やすほど、ポイントの倍率が上がるというもので、ポイント倍率が最大10倍になります。なので、私は楽天市場で欲しいものを見つけたら、「買い物かご」に入れておき、「お買い物マラソン」期間中にまとめて買うようにして、少しでもお得になるようにしています。

ゆきこの

楽天スーパーポイントの貯め方

生活のさまざまなシーンで楽天が提供する
サービスを利用して、効率よくポイントを貯めます。

- 銀行 → 「楽天銀行」
- 証券会社 → 「楽天証券」
- クレジットカード → 「楽天カード」
- スマホ → 「楽天モバイル」
- ネット通販 → 「楽天市場」
- 旅行の予約 → 「楽天トラベル」
- 本の購入 → 「楽天ブックス」
- ふるさと納税 → 「楽天ふるさと納税」
- 光熱費の支払い → 「楽天カード」

……など。

すべて楽天スーパーポイントがつく!!

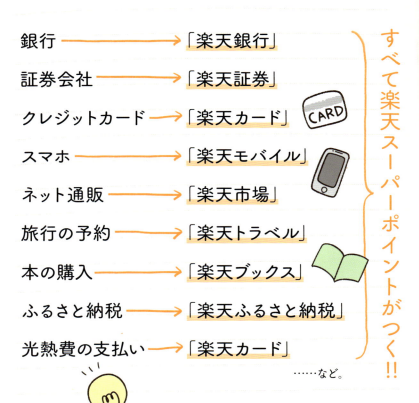

株主でなくても、株主優待券をゲットできるワザ

「株主優待券」とは、企業が自社株を持っている人に配当金とは別に提供する「お礼の品」のようなもの。「株主優待生活」がテレビや雑誌などで取り上げられ、関心のある人も多いと思います。でも「優待券は魅力的だけど、株を買うのはハードルが高い」と思っていませんか？実は、フリマアプリの「ラクマ」には、いろいろな企業の株主優待券が売りに出されているんです。しかも正規の価格よりも割安に買えるのでお得です。

まずは「ラクマ」のアプリをスマホにインストールして、カテゴリーを「チケット」→「優待券／割引券」で絞り込みます。さらに「ショッピング」「レストラン／食事券」「フード／ドリンク券」「宿泊券」などに分かれているので、希望のジャンルへ。トップ画面から「利用したいお店の名前　株主優待券」でも検索できます。

私はこれまでに、「すかいらーく」の食事券３０００円分を２６１９円、「スタジオアリス」の撮影料とプリント代約９０００円相当分を３８００円、ドラッグストアの「クリエイトＳＤ」の買い物券８０００円分を７６００円でゲットしました。購入の際に楽天カードで支払えば、楽天スーパーポイントが貯まるので、さらにお得です。

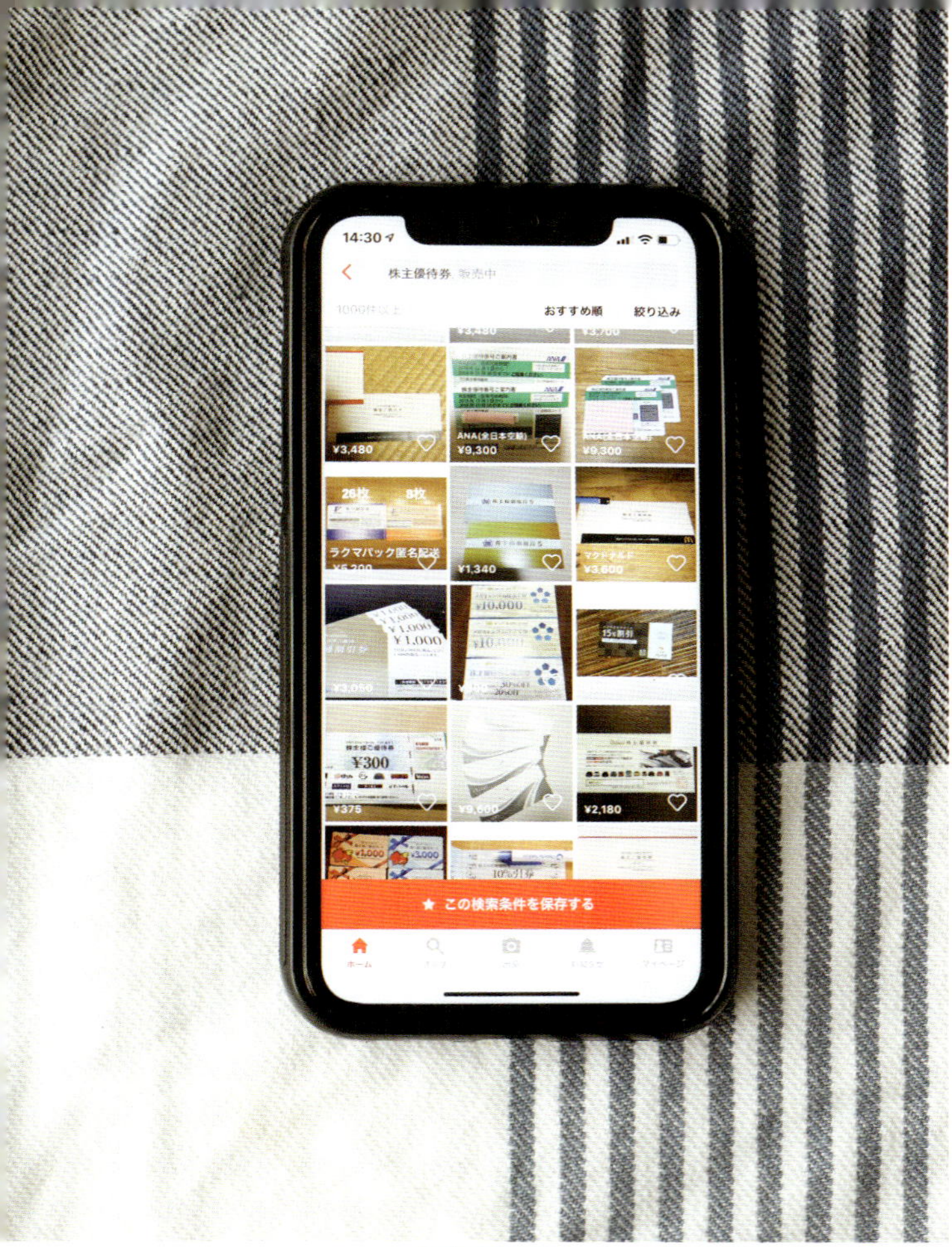

ラクマで
いろいろな企業の
株主優待券が
買える!

有効期限が近いものも出品されているので、期限を要チェック

リンガーハット
の食事券

リンガーハットの540円の食事券6枚、3,240円分を2,999円でゲット

キャッシュレスでポイント獲得。お金の管理もスムーズに

私はクレジットカードでポイ活をしているので、ペイペイや楽天ペイなど「コード決済アプリ」が登場したとき、すぐに採用しました。というのはポイント還元を大々的に展開していたからです。今使っているアプリは「ペイペイ」「楽天ペイ」「d払い」の3つ。お店によって使えるキャッシュレス決済が異なるので、クレカとこの3つのコード決済アプリを使い分けています。複数使える場合は、そのときやっているキャンペーンでポイント還元率が高いものを選択。翌月のキャンペーン情報は月末には公開されるので、事前に調べて月末のマネー会議のときに夫婦で共有します。

キャッシュレス決済のメリットはなんといってもポイント。さらに今、政府はキャッシュレス決済すると、買い物金額の5%または2%のポイントを還元※1する事業を実施中です※2。

キャッシュレス決済なら、履歴がコード決済の場合はスマホ内で、クレジットカード決済の場合はカード会社の会員ページなどで確認できます。支払った金額がまとめて確認できるので、家計簿代わりにもなります。もちろんキャッシュレス決済なら、お金を下ろす手間がなくなるのでお財布の残金を気にしたり、ＡＴＭで手数料をとられることもありません。

※1　中小・小規模の店は5％、フランチャイズチェーン店舗、ガソリンスタンドなどは2％
※2　2020年6月までの期間限定

ポイント還元でお得！

今、注目の「コード決済」の始め方

「コード決済って、なに?」という人でも、
この手順通りにやれば始められます

1 コード決済アプリをダウンロードする

テレビCMなどでよく耳にする「ペイペイ」「楽天ペイ」「d払い」などのコード決済アプリの中から、自分に合ったものを選んでダウンロード

↓

2 お金の支払い方法を決める

アプリによって現金チャージ、クレジットカード払い、銀行口座から即時引き落としなど、お金の支払い方法が異なります

↓

3 お店のレジでコードを読み取ってもらう、または店頭にあるコードをスマホで読み取る

スマホのアプリを立ち上げてレジで読み取ってもらうか、レジ近くに掲示されているコードをスマホで読み取れば、決済終了

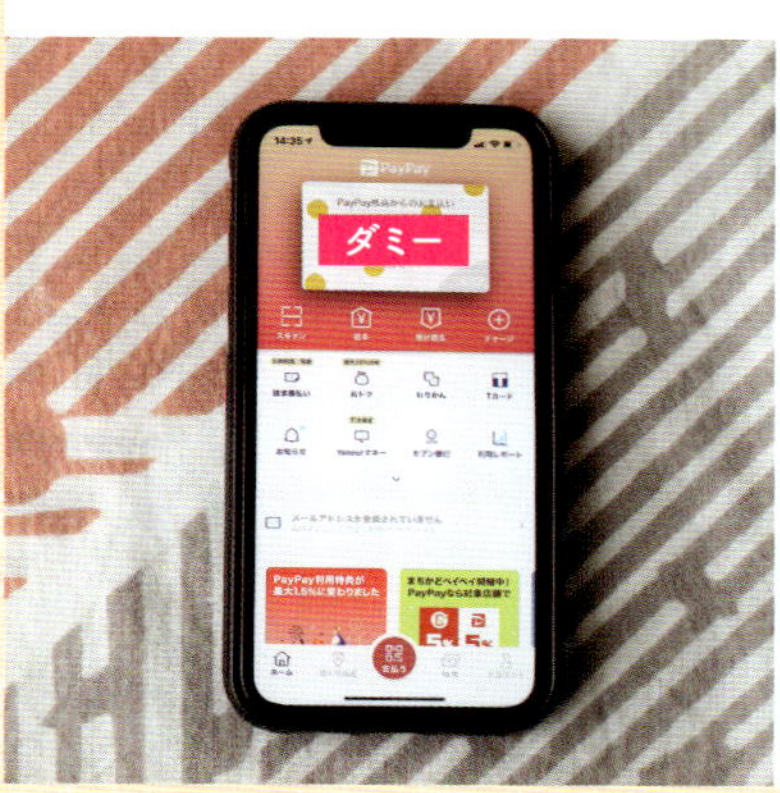

アプリを立ち上げ、レジでコードを読み取ってもらう

投資を始めるタイミングの見極め方

投資を始めるタイミングは人それぞれ。学生時代にバイト代で投資を始める人もいれば、一生手を出さない人もいると思います。私の場合は、長女が生まれる前の共働き時代に人生初の株を買いました。当時、大人気だったゲームアプリのキャラクターを販売していた会社の株が急上昇するのではないかと思ったからです。購入金額は10万円ほどでしたが、値動きが気になって心がザワザワしっぱなし。これは精神衛生上よくないと、わずか1週間で売却しました。

この痛い経験があったので、投資に関する本を読んで一から勉強することにしました。株を始める前に1カ月の生活費×6カ月分を預貯金で確保した方がいいと本にあったので、貯めてから株に再挑戦。今度は国内の大手企業の株を購入し、5年間で含み益を合わせて約30万円の利益が出ています。その後、横山光昭氏の『はじめての人のための3000円投資生活』(アスコム)を読んで投信積立もスタート。今はポイントや100円で投信積立が始められるので、気軽にトライしてもいいかもしれません。たった100円でも投資してみると、日経平均株価や為替などの動きが気になり、世の中の見方が違ってきます。

投資スタートまでの3ステップ

ゆきこが投資を始めるまでの3ステップを紹介します。

STEP 1 勉強する

なんの予習もなく投資するのは失敗のもと。まずは投資の勉強から。自分が理解できる本を最低でも1冊は読む

STEP 2 貯金をふやす

投資の勉強をしながら、預貯金をふやす。投資は余裕資金でするのが基本。仮に、大損しても、当面の生活に困らないように6カ月分の生活費を貯める

STEP 3 証券会社に口座を開く

投資は証券会社に口座を持たないと始まらない。私はネット証券の「楽天証券」を選択。口座開設の資料請求をして、記入して返送するだけで口座開設完了

私が楽天証券を選んだ理由

Ｐ131で投資を始めるまでのプロセスを3つのステップに分けましたが、ステップ3の「証券会社に口座を開く」で、「どこの証券会社を選んだらいいの？」と迷う人も多いはずです。私が投資の本を読んで勉強した限りでは、ネット証券を勧めているものが多かったので、私はネット証券を選択することにしました。

そして、数あるネット証券の中から、迷わず楽天証券を選択。その理由は、「株を売買する」「投信積立※1する」「投資信託を保有する※2」などで楽天スーパーポイントがもらえるから。たとえば、投信積立で毎月の積立額を楽天カードで決済すると、決済額100円につき1ポイントがもらえます（月の積立額は5万円が上限）。仮に月5万円を積み立てると、毎月500円分、1年間で6000円分もポイントが貯まることに。

楽天証券を選んだもうひとつの理由が、楽天銀行との口座連携サービス「マネーブリッジ」があること。「マネーブリッジ」に申し込み（無料）、楽天銀行の顧客優遇サービス「ハッピープログラム」にエントリーすると、左のページのような特典を受けることができます。

※1 自分が選んだ「投資信託」を毎月決まった金額分ずつ買う投資方法
※2 「マネーブリッジ」と「ハッピープログラム」に登録した場合

楽天銀行 ⇄ 楽天証券

口座連携サービス

マネーブリッジの3つのメリット

楽天銀行と楽天証券の両方に口座を持っていると、
「マネーブリッジ」という口座連携サービスが受けられます。

メリット1 楽天銀行の普通預金の金利がアップ

マネーブリッジに申し込むと、楽天銀行の普通預金に優遇金利が適用される

通常金利 年0.02% → マネーブリッジを利用すると 年0.10% なんと5倍に!

※2017年2月18日以降現在までの優遇金利。
今後、金融情勢等により予告なく変更される場合もあり

メリット2 楽天銀行⟷楽天証券のお金の移動がスムーズ

楽天証券での買い注文時に、楽天銀行の預金残高から自動入金でき、夜には証券口座にある資金を楽天銀行に自動出金。優遇金利が適用される

メリット3 楽天スーパーポイントが貯まる

ハッピープログラムにエントリーしていれば、楽天証券での取引に応じて楽天スーパーポイントがもらえる

「つみたてＮＩＳＡ」でコツコツふやす

わが家では、２０１８年、「つみたてＮＩＳＡ」がスタートしたタイミングで投信積立を始めました。「つみたてＮＩＳＡ」とは、投信積立で出た利益が非課税になる制度。通常、運用益からは約20％の税金が引かれますが、「つみたてＮＩＳＡ」口座で投信積立を運用すれば、利益がまるっと受け取れます。

「つみたてＮＩＳＡ」は投信積立に特化した制度で、対象となる投資信託は金融庁が選んだ長期・積立・分散投資に適したもの。販売手数料が０円で、運用管理費用も低い投資信託が対象です。金融庁のお墨付きですが、元本割れするリスクはゼロではありません。

年間40万円までの積立額で出た利益が非課税になるので、わが家では非課税枠いっぱいの夫婦で年間80万円分、月６万６６００円分の投資信託をコツコツ買っています。非課税期間は、投資信託を購入した年から20年間。「つみたてＮＩＳＡ」は長期投資向けの制度ですが、ｉＤｅＣｏとは異なり、積み立てた投資信託を途中で売却できるのがメリット。非課税の恩恵を受けながら、地道に資産形成できたらいいなと思っています。

※対象商品は金融庁のサイトで公表
https://www.fsa.go.jp/policy/nisa2/about/tsumitate/target/index.html

運用益が20年間、非課税に

「つみたてNISA」のいいところ

儲かっても税金を引かれない

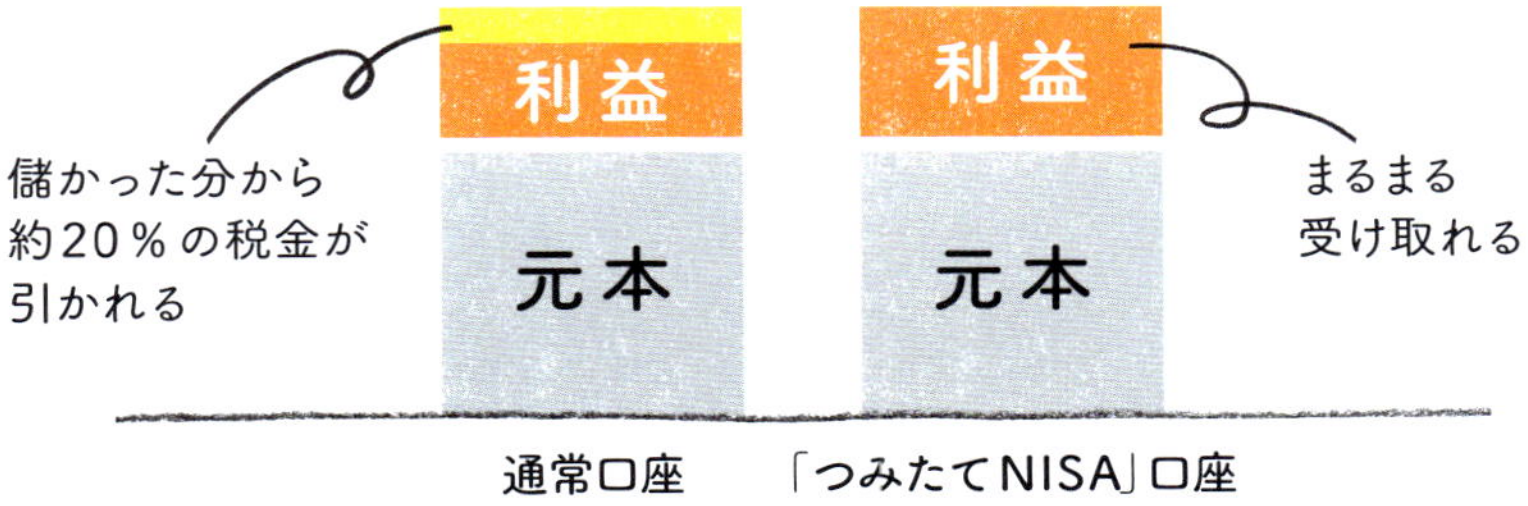

通常の口座の場合、利益が出たら、利益の約20％を税金として引かれる。その点、つみたてNISA口座は利益に税金がかからないので、まるまる受け取ることができる。

まとまったお金がなくても、少額からコツコツ始められる

通常、株や債券を始めるときは、数万～数十万円程度の投資資金が必要になるが、つみたてNISAなら、毎月100円からでも積み立てられる

iDeCo（イデコ）で節税しながら老後資金を貯める

私の父が定年まであと1年というとき、老後資金をほとんど貯めていないことが判明しました。退職金や年金をあてにしていたので、「老後はなんとかなる」と思っていたようです。退職金や公的年金があてにならない私たちの世代は、親の世代以上に自分で老後の蓄えをする必要がありそうです。そのためには、少しでも早く貯め始めた方が安心できます。

私は、転職後の会社が企業型確定拠出年金を採用していたので自動的に加入。その際に年金のことを調べたら、「個人型確定拠出年金＝iDeCo」という年金制度があることがわかりました。これは自分で決めた額を積み立てながら、その掛け金を運用して自分で老後資金を備える年金制度。公的年金とは別に、自分で年金をつくるということです。私はすでに企業型に加入していたので、夫が個人型に入ることにしました。

注意点もあります。まずiDeCoはあくまでも年金なので、原則として60歳になるまで貯めたお金は引き出せません。なので、マイホーム資金や教育資金など60歳以前に必要になるお金を貯めるには不向きです。また、手数料がかかることも確認しておきたいことです※。

※手数料は運用する商品や利用する金融機関などによって異なる

貯めてるときも、受け取るときもお得

ゆきこがiDeCoを始めた理由

メリット 1 「自分年金」をつくる

iDeCoでコツコツ貯めた「自分年金」で、公的年金の不足分をカバー

メリット 2 サラリーマンでも節税できる

節税 1 掛け金が全額、所得控除される

たとえば毎月の掛け金が1万円で、所得税20％、住民税10％の場合、年間で3万6000円税金が安くなる

節税 2 運用して出た利益が非課税

通常、運用益には約20％の税金がかかるが、iDeCoなら税金を引かれずに再投資される

節税 3 受け取るときにも税金が優遇

60歳以降に受け取るとき、「公的年金等控除」または「退職所得控除」で税金が優遇される

ゆきこ家の

国内株：海外株の割合

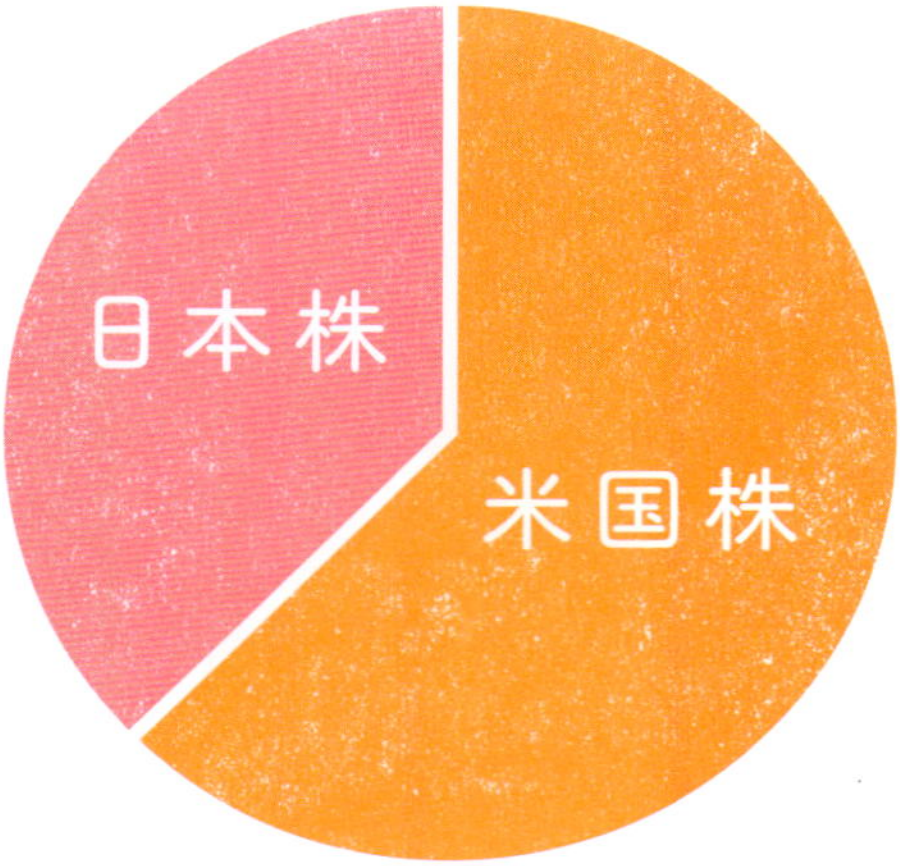

IBM、ジョンソンエンドジョンソンなど、誰もが知っている企業の株を選んで、毎月5万円ずつ米国株を買い足し

株は国内株と米国株を買い分ける

P130に書いた通り、最初は国内株を買いました。毎日、値動きを気にして、1週間経っても値上がりしないので、短気な私はその株を売却。

当時の私には「投資＝ギャンブル」というイメージがあり、しかも最初に買った株で失敗しているので、株はしばらく敬遠していました。

でも投資の勉強していくうちに、リターンは大きくはないけれど、リスクが小さい株を買って、少しずつ利益を取る株の買い方があることを学びました。これなら値動きに一喜一憂しないで「心穏やかな投資」ができると、再び株に挑戦することに。国内の大手企業の安定株を買うことにしました。

さらに、ブロガーの「バフェット太郎」さん著『バカでも稼げる「米国株」高配当投資』(ぱる出版) を読んで、国内株より配当金がいい米国株に関心をもつようになりました。

株というと売ったり、買ったりして儲けを出すイメージがありますが、売買のタイミングを見極めるのは、素人には難しいもの。私の米国株投資は、配当金の再投資で少しずつ資産を増やしていくというものです。

現在、誰でも知っている有名企業の株をいくつか保有し、1年間で含み益を合わせて約15万円の利益を出しています。日本株より米国株の方が成績がいいのですが、為替リスクなどを考慮して国内株も保有。今のところ国内株:米国株=2:3程度の比率で買い分け、リスクを分散しています。

教育資金は、〝学資保険で貯めない〟理由

長女が誕生したとき、親から「子どもが生まれたら学資保険に入りなさい」と言われたので、郵便局に学資保険のパンフレットをもらいに行きました。郵便局の学資保険以外にも、保険会社の商品をいくつか比較しましたが、どれも予定利率が低くて魅力を感じませんでした。私たちの親の時代は世の中の金利がよくて、学資保険も払い込んだ保険料以上の満期金を受け取れたのでしょうが、超低金利の今は元本割れする商品もなかにはあります。

そこで、わが家では教育資金の貯め方は学資保険にこだわらないと決めました。とりあえず今は、子どもひとりずつに口座をつくって児童手当を全額貯金。この口座は家計とは別に考えて、手をつけずに貯まりっぱなしにしています。児童手当を0歳から中学卒業まで15年間貯めると198万円になり、出産祝い金やお年玉など子どもがいただいたお金もこの口座に入金していくと200万円以上は貯まる予定です。

これとは別に「つみたてNISA」を利用して、投信積立で貯めるのもアリかなとも考えています。長女の大学進学まで14年間あるので、時間を味方につけて貯めていく計画です。

2人分の教育資金を貯めなくちゃ

お気に入りの木のおもちゃで遊ぶ長女と二女。長女の大学進学まで、あと約14年。貯め始めが早いほどムリなく貯まる

おわりに

少し肌寒くなってきた11月上旬の夜、娘たちが寝静まりホッとひと息つきながら、この「あとがき」を書いています。

家計管理を始めるようになってから、人生を意識することが増えたように思います。今までは10年後の自分の姿をイメージするのがやっとで、適当にやり過ごしていた部分が多かった私ですが、現在では20、30年後、そして老後まで考えられるようになりました。家計管理はこの先もずっと続くので、今はまだ通過点にすぎません。今後も時代の変化に順応しながら、試行錯誤を楽しんでいけたらと思っています。

最後になりますが、担当編集者の別府美絹さん、ライターの村越克子さん、カメラマンの尾島翔太さん、デザイナーの蓮尾真沙子さん、いつも温かいコメントを寄せてくださるフォロワーのみなさま、著書初挑戦を応援してくれた家族にこの場を借りて心からの感謝を申し上げます。そして、この本を読んでくださった読者のみなさま、本当にありがとうございました。

ゆきこ

関東圏で同い年の夫と2人の娘の4人家族で暮らす31歳のワーママ。

2019年現在、育休中で2020年春に復職予定。もともと浪費家で、
貯金0円で結婚。長女出産後に危機感を抱き、家計改善に本格的に着手。

試行錯誤を楽しみながら、お金と暮らしを整える過程や、たわいもない日常をインスタグラムに投稿し、2019年11月現在、フォロワー数は13万人超え。無理をせず等身大の姿で節約生活を楽しむ様子は、子育て世代の女性から共感を得ている。

Instagram　@yuco55_

貯金0円からの
ゆきこの貯まる生活

2019年12月23日　初版第一刷発行
2020年 3 月16日　　第五刷発行

著　者　ゆきこ

発行者　澤井聖一

発行所　株式会社エクスナレッジ
〒106-0032
東京都港区六本木7-2-26
問い合わせ先　編集　TEL 03-3403-6796
FAX 03-3403-1345
info@xknowledge.co.jp
販売　TEL 03-3403-1321
FAX 03-3403-1829